關鍵七十一天

——二戰前後臺灣主體意識的萌芽與論爭

阿部賢介・著

目次

推薦序

陳翠蓮（國立臺灣大學歷史學系教授）

阿部賢介是我在政治大學臺灣史研究所碩士班的指導學生。作為具有臺灣血統背景的日本人，阿部特別關心在二戰結束前後臺灣地位大變動的歷史轉折期，臺灣人的動向與主張。為了完成論文，他積極申請各類獎助學金，獲得資助後前往日本上天下地蒐集相關檔案史料，探索這一段較未受到關注與深入研究的歷史。如今，將他所完成精彩的學位論文出版為《關鍵七十一天》，以饗讀者，作為指導教授，深感與有榮焉。

《關鍵七十一天》一書有幾個特色。首先，阿部鎖定日本剛戰敗、中國政府尚未展開佔領統治的短短期間做為焦點，分析時代巨大變動之下臺灣社會的動態。這個課題對當代臺灣來說，別具意義。面對日本殖民統治的終結、臺灣命運的轉折點，當時臺灣人是否意識到歷史之門開啟的意義？人們如何應對、選擇或行動？其次，本書修正了各種對於二戰結束初期歷史的分歧解釋。過去黨國威權時期，統治當局宣傳「臺灣光復」、臺灣人熱烈歡迎祖國；民主轉型期，有人強調在這段「歷史真空期」臺灣人展現出高度自律、自治的能力；民主化之後，更有學者聲稱在此時臺灣人就已提出臺灣獨立的主張。一段歷史，三種解釋，究竟真實狀況如何？第三，與先行研究最大不同的地方是，阿部大量使用日本軍方檔案史料與臺灣總督府各種報告書、二戰結束前後僅有的報紙《臺灣新報》，以及日本官員、在臺日人、臺灣菁英的日記與回憶錄，並輔以美國國務院檔案，在這些多元的史料基礎上，重建這段歷史。

鮮明的學術對話企圖與多元的史料資源，使得阿部的研究成果無論在證據上與論證上都顯得生動活潑、引人入勝。不過，為了使讀者大眾更能親近、便於閱讀，改寫後的本書並未收錄研究回顧與史料運用章節，有些可惜。

本書有幾項重要發現。第一，書中以具體史料、數據，釐清了關鍵時刻的幾個爭議課題，修正過去的看法。阿部認為，戰爭結束到中國政府接收的期間，並未出現「政治真空期」，總督府雖然權威消失，但仍然有效運作，甚至第十方面軍意圖以維持治安名義擴大憲兵隊編制、以維持軍方在臺影響力。所謂「臺灣人自律與自治」也是過度美化，在中國政府抵臺之前，社會治安與秩序已逐漸崩壞、非法情形猖獗。又如，以具體數字說明臺灣銀行的貨幣發行量與戰後通貨膨脹之間的關係。書中也指出，辜振甫等人的八一五獨立事件並不完全是日本少壯軍人唆動，臺灣仕紳有某種主動意願，但在安藤利吉總督的強硬制止下嘎然中止。第二，作者以二戰前後的各種史料，說明臺灣人對於時代巨大變動毫無心理準備、對戰後臺灣歸屬處置一無所知的蒙昧狀態。第三，作者並不順應當代需求而討好宣稱「戰後臺灣人就已主張獨立」，他本於史料指出，戰爭結束初期臺灣人確實存在「祖國情感」、迎接祖國統治，這種態度甚至使得美國情報機關在調查報告中判斷臺灣人並未爭取獨立或盟國託管。阿部自省：祖國憧憬是日治時期抵抗日本殖民統治而萌生的「精神籌碼」，「祖國認同」與日本統治息息相關，戰後初期臺灣人「歡迎祖國」的心態正是日本統治臺灣所留下的影響之一。作為日本人，阿部反省日本殖民統治之惡對臺灣人集體心態的影響，讓人咀嚼再三。

阿部的研究成果並不討好世論、也不美化臺灣人，他對部分議題並不直接給答案，保留了歷史的曖昧空間與討論餘地。這是相當值得肯定的學術研究態度。而這些曖昧與保留，也正是研究者得以繼續挖掘與論證的課題。

《關鍵七十一天》描繪了二戰結束前後那個重大歷史時刻臺灣社會對外在局勢蒙昧不覺，與對集體命運的缺乏準備。如今，歷史巨輪又隆隆作響。令人不禁要問：我們從過去的歷史學到什麼？一旦歷史機會之門再度開啟，這次，臺灣人準備好了嗎？

導言

戰後初期的臺灣史研究，多半著重在描述臺灣人脫離日本殖民支配、回到祖國懷抱的喜悅，甚至許多早期論文還會脫離學術脈絡，直接就說島上人民「欣喜若狂」地歡迎從中國大陸前來接收全島管轄權的國民黨官員及中國軍隊。更多研究則是直接略過這段轉換期，探討一九四五年十月二十五日後，陳儀政府在臺灣的倒行逆施，並直接導致一九四七年二二八事件的爆發。

一九四五年八月十五日，日本天皇透過「玉音放送」宣告接受「波茨坦宣言」。從這天到中華民國臺灣省行政長官公署長官陳儀正式接受日本第十方面軍司令官兼臺灣總督安藤利吉投降為止，共歷時七十一日。目前筆者寓目所及，似乎還沒有學者仔細討論這段妾身未明的歷史曖昧期。這二個多月的時間在臺灣史上要歸入哪個時期？是放進日治時期還是併入民治時期呢？越是深思，越是令人困惑，同時也引人玩味。

雖然日本軍已經戰敗，但新政府尚未正式成立。生活在如此「無政府狀態」之下的臺灣人民，對臺灣的未來擁有什麼樣的想法呢？他們對中國與日本又是抱持著何種感情？他們是否毫無疑義地將日本戰敗和歸還中國劃上等號，又或者有誰想出臺灣前途的其他可能性？島上的日本人與臺灣人之間的關係又有什麼樣的變化？

有學者認為：「自從日本帝國主義殖民地支配之桎梏被解放的臺灣，原本有可選擇三種年號的可能性。第一種是臺灣零年或元年、第二種是中華民國三十四年、第三種是一九四五年。……但，在臺灣沒有獨力構想臺灣零年的設想，亦沒有其主體。」[1]當時也有作家形容這七十一天是「政治真空時期」[2]。但是當時身在臺灣島上的六百萬人（包含日本人），難道會在經歷如此歷史巨變的時候，茫然無知地虛度兩個多月嗎？如果我們能諦聽即將從日本殖民統治中解脫卻又尚未接受中國統治的臺灣人心聲，是否能找出臺灣人對未來的理想與期待呢？

終戰前，由於臺灣總督府實施嚴密統制，大部分的臺灣人甚至不知道在一份名為「開羅宣言」的文件裡，盟軍已然決議將臺灣歸還給中華民國，更遑論對戰局趨勢持有正確的預見。因此島內臺灣人在戰爭結束前根本沒有面對日本戰敗以及臺灣歸還中華民國的心理準備。直到一九四五年八月十五日戰爭結束，臺灣人依舊與日本的帝國主義政策緊密地聯繫著。戰爭結束當天，因為可以收聽到廣播的環境相當有限，透過「玉音放送」獲知戰爭已然結束，日本確定戰敗的人其實並不多，甚至有部分人士將天皇的訊息誤解成激勵國民繼續作戰的宣傳。

然而透過臺灣總督府的公告、媒體報導還有傳播速度最快的口耳相傳，日本戰敗這件事終究傳達至臺灣全島的每個角落。其後，日本最高統治機關臺灣總督府以及約十五至十七萬日本軍仍然駐留臺灣，掌控社會秩序。同時，隨著中國軍隊即將來臺的消息遍及全島，日本當局逐漸失去威信，治安、經濟等各方面都出現惡化的趨勢。

面對這樣的狀況，臺灣知識份子憑藉各自思想與做法，為臺灣的未來四處奔走。其中林獻堂採取較為慎重的態度，一方面與日本當局保持良好關係，另一方面則致力維持治安。吳新榮則對新時代懷有莫大期待，著手組織三青團，積極展開迎接「祖國」的事宜。然而當時臺灣人對中國懷有的「祖國認同」，實際上並非全部的現實，比較多的案例反倒像是非理性的激情。等到他們實際跟中國接觸，就難免顯露出陌生與失望之感。儘管如此，強烈的「祖國認同」仍舊支撐著臺灣人擁護中國的熱情。

臺灣與日本、中國兩者之間的關係，無論是在日治時期或是戰爭結束以後，都對臺灣的命運產生巨大而深遠的影響。發生於時代轉換之際的「八・一五獨立事件」，恰好表現其影響之一端。以辜振甫、許丙為首的「八・一五獨立事件」，過去的研究者不是直接說他們是受了日本軍的煽動，就是完全否定日本軍有參與其中。本文希望藉著梳理文獻，深入剖析究竟當時的臺灣人是否存在獨立的意志和機會，更希望讀者再度檢視臺灣近代史的複雜性，體會這些史實對今日臺灣處境的影響。

註

1 戴國煇著，《台湾という名のヤヌス——静かなる革命への道》（東京都：三省堂，一九九六年），頁15-17。

2 吳濁流著，〈無花果〉，收入《夜明け前の台湾——植民地からの告発》（東京都：社會思想社，一九七二年），頁150。

「政治眞空期」甘有影？

臺灣近代作家吳濁流在其著作《夜明け前の台湾——植民地からの告発》中，以「政治真空狀態」一詞形容為期七十一日的政治空窗階段。作者說這段時間由「三民主義青年團」負責維持治安，「一絲不亂地把真空狀態平安渡過」，並且敘述當時臺灣人的心理是「一種對日本人的示威」，也就是說：臺灣人經過了五十年與日本人的「道德競爭」，已經具備掌控良好社會的能力，這個時期的治安正好展現與日本「道德競爭」的成果[3]。有學者認為，這種表現，「實是臺人歷經被殖民統治後，一旦可以（自我）統治時表現出來的勇氣和情操」[4]。

在「真空時期」裡，無論臺灣人民是沉溺於脫離殖民統治的狂喜氣氛，抑或是積極準備歡迎「祖國」的工作，甚至點燃重建臺灣的理想，具有自主性的思考與行動能力可說是毋庸置疑。換言之，缺乏臺灣主體性的觀念容易讓人忽略這段歷史中臺灣人複雜的思維與動向，從而將之輕描淡寫，一筆帶過。

另外，日治末期臺灣民族意識不只受到臺灣總督府推動的「皇民化政策」影響，還包含戰爭體制下臺灣人民在現實與認同上的曲折糾葛和搖擺掙扎。戰爭結束（抑或日本戰敗）究竟為臺灣民族意識帶來什麼樣的轉折與契機呢？我們絕不能略過「八・一五獨立事件」這個重要的史實。

一九四六年二月至三月間，辜振甫、許丙、林熊祥、簡朗山、徐坤泉等五人，以「於日本宣布無條件投降前後，竟受敵臺灣軍參謀部之唆使，陰謀臺灣獨立，殊違背『波茨坦宣言』之精神」的嫌疑被逮捕，並於同年四月二十七日以戰犯嫌疑被移送到臺灣軍事法庭審理。[5]。一九四七年七月二十九日的軍事法庭判決書記載：

> 迨民國三十四年八月十五日，我抗戰勝利，日本投降，依照波茨坦宣言，臺灣故土，歸還我國。人多慶幸，辜振甫等三人以傾向日本，竊抱遺憾，適有日軍少佐中宮悟郎、牧野澤夫（按：應為牧澤義夫）等不甘投降，陰謀假名自治，竊據臺土。投降甫定，隨即擬定臺灣自治草案，網絡臺紳主持，內定辜振甫任總務

部長、許丙任顧問，林熊祥任副委員長。同時擬定自治協會，由日人主持，該中宮悟郎等心知所擬負責臺人，未必全部贊同，且不盡相識，洽辦亦有困難。爰於同年月十六日、十七日，先邀素識至辜振甫之臺北市末廣町木材會館商討其事，囑並轉邀他人參加。辜振甫之意志不堅，竟予贊助。會後轉商與許丙、林熊祥，並獲同情，其餘擬定人選，因時間短促，方在試探勸誘，或未及接洽，事即敗露，被前總督安藤聞悉，同年月二十二日，適有臺紳杜聰明、林呈祿、羅萬俥、簡朗山等拜會安藤，辜振甫、許丙、林熊祥亦隨前往。安藤即發表談話，誥誡島民不得輕舉妄動，並明示絕對禁止有關圖謀臺灣獨立或自治。辜振甫等三人聆言後，知事不可為，乃將陰謀取銷……於同年月二十四日，在許丙家開會，加以開釋，屆時安藤談話，在報紙發表，隨即宣讀散會。[6]

雖然辜、許、林三人於一九四六年二、三月間被逮捕，並於一九四七年七月被判處一年十個月至二年二個月的有期徒刑（相較於二二八事件，可謂輕判），這件事對終戰後的臺灣社會並沒有引起太大的波瀾。中國政府的軍事法庭雖然明確裁定這個事件是受日軍煽動所導致，然而真相實則未明。此處，我們應該思考的問題是：「八·一五獨立事件」是否能被視為政權轉換時期的代表性事件？雖然這件事在歷史涵義和臺灣民族主義的關聯不能一概而論，但是無論如何，事件背後的社會環境與思維脈絡還是值得我們深入討論。

以《日本統治下の台湾——抵抗と弾圧》[7]一書成名的臺灣史研究者許世楷先生認為，「抵抗」是當時臺灣人唯一的自主行為，因此他決定以臺灣人的抵抗為主題進行研究。雖然最後囿於史料闕如，無法論斷「八·一五獨立事件」究竟是否為臺灣人的自主行為，然而重現事件背景之下的臺灣社會與人民動態，仍然值得深入研究。

臺灣民族主義的議題自一九八〇年代臺灣實質言論自由化後，逐漸在臺灣史領域生根茁壯，引入各界理論相互激盪。其中，區辨「他者」的存在是民族主義思想中非常重要的因素。「真空時期」的臺灣人如何在複雜的愛恨糾葛與想像中區別「自我」與「他者」呢？

半個世紀以來，統治者與被統治者之間不可逆的位階始終纏繞著臺灣人與日本人。日本戰敗之後，統治與被統治的關係瞬間崩解，此時臺灣人對日本人又採取哪種態度呢？

臺灣人是否出現明顯的報復行動或同情表現？

臺灣人與日本人之間有何互動或權力消長？

臺灣人究竟是與日本同為「戰敗國民」，還是歸屬於中國，同為「戰勝國民」？

以上種種疑問，筆者將在下文嘗試提出回應。

註

3 吳濁流著，〈無花果〉，頁150。

4 許雪姬著，《愛、希望與和平——二二八事件在高雄》（高雄市：高雄市立歷史博物館，二〇〇〇年），頁23-24。

5 《臺灣新生報》，一九四七年七月三十日，第四版。

6 臺灣省警備總司令部編，《臺灣省警備總司令部週年工作概況報告書》（一九四六年），頁94。本書現收藏於國立臺灣圖書館。

7 許世楷著，《日本統治下の台湾——抵抗と弾圧》（東京都：東京大學出版會，1971年）。

戰爭的腳步和開羅宣言

臺灣在日本統治下，除去初期的武裝反抗，並未主動與其他國家發生軍事衝突。然而隨著日本對外交涉層級升高，日本殖民地臺灣實在無法避免捲入戰爭體制的漩渦。早於日俄戰爭時期（一九〇四年二月—一九〇五年九月），一九〇五年四月十三日，日本海海戰前夕，日本當局以敕令第一三三號於澎湖島馬公要港區域內及其沿海發布戒嚴令。同年五月十三日，以敕令第一六〇號於臺灣全島發布戒嚴令。此外，官方同時在臺灣各地為日軍舉辦「戰勝祝賀會」。同樣於一次大戰時（一九一四年七月—一九一八年十一月），也以舉旗遊行及燈籠遊行等種種形式進行「戰勝祝賀會」。由此可見，臺灣早於日俄戰爭時期便被編入戰爭體制，儘管烽火燎於千里之外，仍須配合日本國內的軍事決策，並營造舉國上下同享勝利歡愉的情境氛圍。

以一九三七年七月爆發的中日戰爭為契機，臺灣人再次被捲入日本的戰時體制。然而相較於第一次世界大戰只在消息通達及歡慶勝利等形式上的關聯，臺灣這次一直到一九四五年八月戰爭結束前，都不再是帝國內部遙遠的旁觀者，島上的徵兵必須親赴戰場協同參與日本軍的軍事行動，甚至全島都成為戰區的一部分。凡此種種，都使臺灣與日本之間的連結更加緊密。

一九三七年七月七日盧溝橋事件爆發後不久，為了支援被派遣至華中、華南地帶的臺灣軍補給部隊，日本當局開始徵雇臺灣籍軍屬及看護婦（護士）。此後隨著戰局擴大，日本當局在臺灣實施一連串的徵兵制度，亦即「陸軍特別志願兵制度」（一九四二年四月）、「海軍特別志願兵制度」（一九四三年八月）及「徵兵制度」（一九四五年一月）。

隨著日本在局勢上漸趨敗退，戰火也無可避免地延燒至臺灣島內。日本軍在南洋戰區失去重要據點之後，臺灣也被劃進盟軍的空襲範圍。早在一九四三年四月，《臺灣日日新報》上就出現「空襲必至」的警句，同年後半，美軍便開始對臺灣島展開空襲。住在臺北、新竹、臺南、高雄等大城市或靠近軍事基地的民眾，幾乎每天一聽到空襲警報便逃入防空洞，或者乾脆「疏開」（疏散）到鄉下。如此被迫日日躲避空襲的生活，直至戰爭結束前夕才停止。

空襲必至！用意はよいか

臺中市教育當局要望

【臺中電話】空襲必至に備へて臺中市教育當局では國民校の防空完璧を期するため、種々の對策と施設をなしつつあり、特に警報發令下家庭に於ける兒童の生活指導には留意し萬遺憾なきを期してゐるが何分その數たるや、限定された職員數を以てしては不十分の點もあるものと思はれるので、教育當局に於ては父兄保護者其他一般市民に左記諸點に留意の上、兒童の教養に遺憾なきやう協力を要望してゐる

一、道路上や路地にて群集せしめないこと

二、上學年は防空資材の整理、子守、掃除其他家事の一段を擔當せしめ家庭防空に協力し防空意識の昂揚に努められたし

三、學校より命ぜられたる課題は日沒前までに完了する勤學習慣を養成せしめられたし

四、早寢早起の習慣を養ひ夜遲く店頭にて雜談するが如きことなきやう御指導願ひます

‖ 空襲必至！引自／《臺灣日日新報》

一九四三年末，臺灣社會正籠罩在同盟軍空襲的戰爭陰影之下，同盟國的「三巨頭」——美國、英國、中國（按：當時報導都將國民政府指稱為「重慶」，以下統一稱為「中國」或「中華民國」）——在埃及開羅召開會議，並於會議結束後公布「開羅宣言」[8]。其中申論戰爭結束後領土移轉的部分如下：

我三大盟國此次進行戰爭之目的，在於制止及懲罰日本之侵略。……三國之宗旨，在奪得日本自從一九一四年第一次世界大戰開始後在太平洋上所奪得或佔領之一切島嶼。在使日本所竊取於中國之領土，例如滿州臺灣澎湖羣島等，歸還中華民國。其他日本以武力或貪慾所攫取之土地，亦務將日本驅逐出境，我三大盟國稔知朝鮮人民所受之奴隸待遇，決定在相當時期，使朝鮮自由獨立。

「開羅宣言」在日本投降所依據的「波茨坦宣言」中再度提及，因而成為今日中華民國領有臺灣依據的「標準檔案」。然而「開羅宣言」公告之後，究竟有多少臺灣人知悉文件內容？換言之，當時有多少臺灣人知道一旦日本戰敗，臺灣將歸還給中華民國？

首先檢討一下當時報紙針對「開羅宣言」的報導。發布「開羅宣言」的開羅會談日期為一九四三年十一月二十二日至二十七日。雖然「開羅宣言」上的日期為十一月二十七日，但是發布日期則為隔月的十二月一日。當時臺灣最大規模的報社《臺灣日日新報》於同年十二月二日將開羅會談與其後召開的德黑蘭會談並列報導，標題定為「不能期待的兩場會談」（期待されぬ兩會談），即認為這兩場會談僅止於形式，目的在確認前回會談——莫斯科會談——所發表的「莫斯科宣言」（一九四三年十一月一日）。報導文字顯示兩場會談勉強值得注意之處僅在以下三點：

⑴四國（美國、英國、中國、蘇聯）表示積極的態度，試圖打破戰局的困境；

開羅會議三巨頭，左起蔣介石、羅斯福、邱吉爾，於 1943 年 11 月 25 日。

(2)讓蔣介石參與會談，以利宣傳反軸心國的團結；

(3)不得不分為美國、英國、中國的開羅會談與德黑蘭會談，揭示長期以來四國之間無法隱藏的利益糾葛。

但是本篇報導不包括會議內容，只交代會議的「公報」擬於十二月四日之前發布。英國《泰晤士報》（The Times）同樣於十二月二日報導開羅會談，卻刊載了「開羅宣言」全文。

《臺灣日日新報》刊登「開羅宣言」的內容是在翌日（十二月三日）的晚報，內容卻跟《泰晤士報》大相逕庭。首先標題寫成〈極力地向重慶諂媚〉（重慶へ媚態の限り），顯然是在嚴厲批判「開羅宣言」（原文為「カイロ公報」）的目的僅在英美兩國藉由利誘將中國留在反軸心國陣容，企圖阻礙「大東亞共榮圈」建設。除此之外，文中雖然論及該宣言明示日本的「無條件投降」，卻巧妙地將之視為宣傳性標語。翌日《臺灣日日新報》繼續刊載幾則有關開羅會談以及「開羅宣言」之新聞。其中〈開羅會談之公報〉一文述及「開羅宣言」的內容，卻與十二月二日泰晤士截然不同。宣言內容被歸納為「日本軍的無條件投降」及「陷害日本為三等國」兩項。其他同日報紙的論調也將「開羅宣言」視為對日本的國際性宣傳，以及對中國外交的干涉。雖然日本內地的報導比《臺灣日日新報》更具體，報導同盟國進行戰爭的目的是為了奪取日本所獲得的領土，但在解釋獲得新領土這件事上，只談到「一次世界大戰以來日本政府所獲得的太平洋上島嶼」，對臺灣、朝鮮以及滿州的處理方針卻隻字未提[9]。

無庸贅言，日後「波茨坦宣言」重申「開羅宣言」，成為戰爭結束初期對日處理的基本方針，然而其內容並非上述《臺灣日日新報》所報導的日本無條件投降與陷害日本降為三等國之論述，而是宣示此戰爭目的及戰爭結束後日本領土的處理方針。

「開羅宣言」發布之後，日本外務省蒐集美國、英國、中國、德國、瑞典、瑞士、芬蘭、西班牙、羅馬尼亞、阿根廷等國家報紙，分析各國對「開羅宣言」的論調。其中與日本同盟的德國納粹黨機關報紙《*Völkischer Beobachter*》及阿根廷主要報紙均提及「開羅宣言」明示「使日本回歸到一八九五年的地位」或「將日本拉回日清戰爭（一八九五年）前的地位」[10]。換言之，雖然日本當局完全掌握並仔細分析了「開羅宣言」的內容，卻在官方媒體上明目張膽地刻意曲解。可能是顧及國內士氣與國家尊嚴，而必須遏止對日不利的國際宣言；也有可能是深怕宣言鋒芒直指侵略國，並掀起殖民地解放運動的浪潮，因而加以粉飾，甚至反向操作使之成為團結軍民，反抗美國、英國、中國的戰爭宣傳。

同年十二月月十一日，《臺灣日日新報》刊載〈誰淪落為三流國〉（孰れが三流國に顛落か）一文，再度批評同盟國陣營的陰謀，更進一步暗諷會議本身正好明白地暴露出同盟國陣營的脆弱與即將崩潰的危機，因此最後究竟是誰會淪落至三等國的地步，其結論不言而喻。其他當時的報紙，如《臺灣日報》、《興南新聞》、《高雄新報》、《東臺灣新聞》的論調也跟《臺灣日日新報》相彷彿，僅臺中的《臺灣新聞》有關「開羅公報」報導中記載：「三國的戰爭目的為……奪取一八九二年（按：應為一八九四或一八九五年）（日清戰爭）以來日本政府獲得或合併的領土」。

日本當局對「開羅宣言」不僅視若無睹，甚至在國內將它宣傳成敵國的陰謀論述，是與會三國藉以早日結束戰爭、避免崩解慘況的手段。如此一來，「開羅宣言」不僅成為對日情勢不利的緩頰，更進一步地激起同仇敵愾之心。在此值得注意且深思的是，正因為日本當局採取上述扭曲解釋與軍事宣傳，臺灣人幾乎無法及時獲知「開羅宣言」的正確內容，更遑論「日本戰敗後臺灣將歸還中華民國」此等重要消息。

另一方面，同盟國陣營自然不會坐視日方的惡意操作，積極對外宣傳「開羅宣言」的真實內容並試圖傳達給臺灣人。美軍自一九四四年十月的「臺灣沖航空戰」（按：「沖」是日文「附近」的意思，此戰役美方稱為「福爾摩沙空戰」〔Formosa Air Battle〕）前後，開始在臺灣上空撒下記載「開羅宣言」的傳單。傳單有兩種，分別以中文（白話文）與日文撰寫。

兩者均以象徵和平的白鴿嘴銜「開羅宣言」飛來的圖樣作為傳單背景，內容則是幾乎相同。中文版日期使用「大中華民國」的年號，日文版則使用昭和、大正的日本年號。另外，中文版將中華民國指稱為「大中華民國」，日文版則將之指稱為「支那共和國」。更值得注意的是以下三點。

首先，開羅會談出席者的順序以蔣主席為第一位，文中又使用「大中華民國」誇飾中國的名稱。雖然傳單上並未以文字具體表明，但是在遣詞立意上不免有誘導之嫌，目的顯然是要讓使臺灣人認知到戰爭結束後將由「祖國」前來解放臺灣，長久以

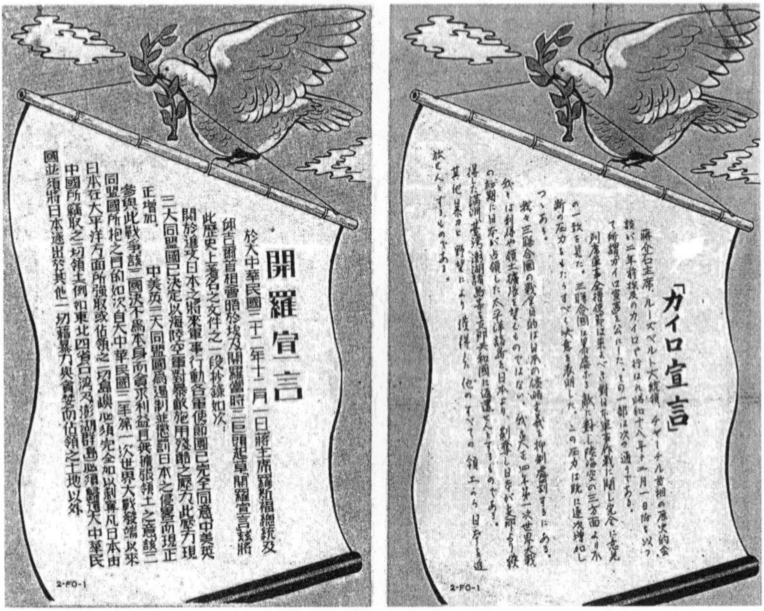

‖ 美軍於一九四四年十月前後，在臺灣上空撒下內容關於「開羅宣言」的傳單，有中文（左）和日文兩種版本。

來被日本所竊取的臺灣將重回「祖國」懷抱，並防止臺灣人協力於日本的軍事行動。

其次，對照前述《臺灣日日新報》在臺灣處理方針上有所省略，這份傳單按照「開羅宣言」原文明示東北四省、臺灣及澎湖將歸還中華民國。

第三，傳單分別以中、日文書寫，表示同盟國可能已經敏感注意到臺灣島內的語言環境。經過將近五十年的日本統治，新生代臺灣人漸漸已經可以用日文作為書寫及溝通的主要工具。因此若要向臺灣人施以書面宣傳，中、日文並行將是最全面的作法。或者，同盟國散布中、日版本的傳單，使日本人覺察此舉可能動搖臺灣人民對日本的服從與效忠。如此一來，日臺之間的信賴關係必然受到挑戰，日本人對臺灣人的猜疑與提防也將加深。簡言之，同盟國的傳單策略對日臺雙方都有效果：傳達「開羅宣言」的實際內容，並讓臺灣人知悉歸還「祖國」的決議；同時更要對日本人施以心理戰，企圖離間日臺關係。

然而此傳單究竟發揮多少效果呢？是否如預期般成功地將同盟國擬解放臺灣的決

議傳達給臺灣人呢？

當時臺灣總督府對同盟軍撒下的傳單採取嚴厲取締的對策，嚴格禁止人民碰觸傳單，如果撿到就必須立刻向派出所或憲兵隊報告。據《台湾終戦秘史》描述，當時廣播新聞呼籲聽眾：「撿到美軍所散布的傳單必須立刻將之燒毀抑或向警察報告。傳單上的內容是美軍所製造的謠言，切勿相信。也勿告訴別人[11]。」美軍撒下傳單後，憲兵或警察會即刻趕到現場回收傳單。之後的幾天，警察也會在附近街庄進行查訪，調查有無瞞藏傳單的住民。

《臺灣新報》也一九四五年二月初報導：「近來敵軍為了粉碎我們的戰意，挑撥軍民關係，散布謀略傳單，但招致島民的冷笑[12]。」同年四月，總督府發布府令第六十七號，規定撿到同盟軍撒下的傳單必須立刻向警察官吏報告，違反者得處一年以下徒刑或科二百圓以下罰金。報紙也呼應臺灣總督府的取締方針，呼籲「敵機撒下的傳單／撿到立刻報告／偷懶就被罰」（敵機の撒いたビラ／拾ったらすぐ届出でよ／

怠ると嚴罰されます）。[13]並動員義勇報國隊等官民團體回收傳單，防止一般人民閱讀到傳單內容[14]。

臺灣總督府如此小心翼翼、戒慎恐懼的警惕心態，直至戰爭結束前都未曾鬆懈。當時擔任第十方面軍司令官報導部的大久保弘一大佐，於戰爭結束後接受美國情報員面談時表示：「針對同盟國的傳單策略，不得不以特別發行報紙作為對應，同時也致力於昂揚臺灣人之鬥志[15]。」

戰爭時期臺灣總督府對臺灣人的嚴厲取締，如一九四一年至一九四二年發生的「鳳山事件」[16]及「東港事件」[17]等，直至戰爭末期的一九四五年也並未呈現緩和的趨勢。一九四五年三月底發生「通敵事件」，十二名臺灣漁夫被懷疑與中國軍隊共同從事間諜行為而遭軍事法庭檢舉。黃旺成也在他的日記中特別提到這件事[18]。諸如此類日本當局對一般臺灣人嚴厲取締，加上前述保留傳單即構成犯罪行為的顧慮，臺灣人對傳單應有「忌憚」的刻板印象而不敢輕易接近。我們應該可以確定，當時臺灣幾乎沒有讓「開羅宣言」傳入的管道。

當然，我們也不能完全否定少數知識分子在戰爭結束前，就透過美國的短波廣播得知「開羅宣言」與「波茨坦宣言」的消息[19]。據鍾逸人回憶，當時在臺北的文山茶行，王添灯、連溫卿等知識分子為了竊聽重慶和美國方面的播送而聚合[20]。另外，戰爭末期疏散到草山（現為陽明山）與林茂生一家共居的楊基銓在其回憶錄裡也提到，林茂生在戰爭結束前告訴楊基銓「開羅宣言」、「波茨坦宣言」提到日本無條件投降，臺灣將要歸還中國的事[21]。

實際上，臺灣總督府也對同盟軍短波廣播提高警惕並取締收聽外國廣播，戰爭結束前便已獲悉「開羅宣言」的臺灣人還是十分稀少。即使聽過有這麼一個「開羅宣言」，也不知道這個宣言規定戰爭結束後臺灣的歸屬。曾經擔任海軍特別志願兵的臺灣耆老，回憶當時只聽過「開羅宣言」是好的事情，但並不曉得臺灣得歸還中國一事[22]。

戰爭結束前，因日本當局嚴密的言論統制，臺灣被斷然隔絕於國際情事之外。

無論英美兩國企圖將中國政府留在同盟軍陣營，或者真心期盼日本統治下殖民地的解放，同盟軍早在戰爭結束的一年八個月前就決議將臺灣歸還中國，但身為當事者的臺灣人卻被蒙在鼓裡，直到戰爭結束那一天。因此戰爭結束時，知道「開羅宣言」而瞭解臺灣歸屬的臺灣人應寥寥無幾。相較於「開羅宣言」時的省略式、篩選式的報導，一九四五年同盟國發布「波茨坦宣言」時，《臺灣新報》則是刊登全文。其中明示「實施開羅宣言諸條件，而日本之主權，限於本州、北海道、九州、四國及吾人所決定其他諸島嶼。」但也沒有更進一步說明「開羅宣言」規定將臺灣歸還中華民國等事項[23]。

另外，就戰爭結束後臺灣歸屬的問題而言，當然也不能忽略美國的態度與策略。雖然在「開羅宣言」中，美國對中國承諾日本戰敗後臺灣將歸還中國，然而美國內部的各方立場並不一致。基於臺灣對美國的利益，也有人主張乾脆占領臺灣，美國海軍更是明確堅持這個提案。

實際上，美國海軍一直積極蒐集臺灣情報、培訓占領臺灣的軍政幹部，暗中進行占臺準備。其中 George H. Kerr 以「臺灣問題專家」的身分，向美國國防部提出三項有關於臺灣未來的可能性：一是臺灣獨立自治，一是移交中國，一是交給聯軍臨時託管，George H. Kerr 則是主張第三項。

除此之外，當時在世界各地從事情報活動的美國戰略情報局（Office of Strategic Services: OSS）企劃部（Planning group）也沒少對臺灣進行詳細調查，並在一九四四年九月二十五日提出報告。報告中說明 OSS 針對臺灣的任務為蒐集機密情報、向各部隊提供消息報告、破壞日本的通信與供給網絡，降低日本軍隊及市民的戰爭意志，並以極大篇幅詳細記載臺灣各地的產業、礦業據點、鐵道、道路網絡以及港口、機場等狀況。此份報告也提及在重慶的「臺灣革命同盟會」正關注臺灣人的政治運動，然而並未涉及戰爭結束後臺灣處置的問題。

二次大戰初期，以海軍為主的美國軍部確實有意占領臺灣，並進行各方面的軍事準備。在一九四三年十一月公布「開羅宣言」後，美國仍然對臺灣進行調查工作，並未停止企圖占領臺灣的行動。然而於一九四四年十一月以後，占領臺灣的計畫被擱置，直到戰爭結束都未被付諸實行。

正如前文所述，一九四三年十一月已經與中國、英國發表「開羅宣言」的美國政府在戰爭末期已經放棄占領臺灣，或者已經不願意涉入臺灣主權問題。更重要的是，美國曾計畫占領臺灣此事並不在一般臺灣人所能得知的情報範圍內，更遑論臺灣人看待美國的態度，將可能出現如同對待「祖國」中國一般，有著情感上的連帶。因此在戰爭結束的當時，針對中國前往接收臺灣一事，臺灣人幾乎未抱持疑惑，也沒有美國將取代中國占領臺灣的要求。換言之，以 George H. Kerr 為主的美國官員，以及強國美國在國際上的地位對於二二八事件前後出現的臺灣獨立及臺灣託管論述，甚至於日後臺灣主體論述之影響都不能輕忽。然而就戰爭結束前後臺灣人的認知而言，美國對臺灣的戰略在人民心中並未產生深遠的影響。

註

8 此文件的名稱及其法理效力仍具高度爭議，並非確定臺灣現今地位的正式文書。即便如此，這也不能否認在日本投降時，依據「波茨坦宣言」而被重申的「開羅宣言」，在戰爭結束的當時具有某種程度的規範效力。為了行文利便，本文採取添加括號的「開羅宣言」以顯示其特殊性。

9 《讀賣新聞》，一九四三年十二月二日，晚刊第一版。

10 日本外務省編，〈大東亜戦争関係一件／情報蒐集関係〉，外務省外交史料官收藏，參照號碼B02032457600。

11 宮沢繁著，《台湾終戦秘史——日本植民地時代とその終焉》（東京都：いずみ書房，一九八四年），頁62-63。

12 《臺灣新報　南部版》，一九四五年二月五日，第一版。

13 《臺灣新報　南部版》，一九四五年四月六日，第二版。文中報導該規定於是月一日開始，應是三日之誤。

14 甚至連醫師作家吳新榮也被動員，呼籲管轄內人民不能看傳單。（參見 Shih-jung Tzeng, From H nto Jin to Bensheng Ren. [Maryland: University Press of America, 2009.] p. 83）

15 Strategic Service Unit（以下簡稱 SSU），"A Report on Formosa (Taiwan) Japanese Intelligence and Related Subjects"（以下簡稱 "Report on Formosa"），(RG59, Department of State Decimal File 1945-1949, Box7385, in The U.S. National Archives and Records Administration, 1946. 1. 30), 15.

SSU 前身為 OSS（Office of Strategic Services）。OSS 於一九四二年六月成立，並二次大戰時期在世界各地從事情報工作。OSS 於一九四五年十月一日解散並同時成立 SSU。OSS 官員搶先中國軍隊一步，早已於一九四五年九月十日登陸基隆，著手蒐集政治情報（參見 George H. Kerr, Formosa Betrayed (Upland: Taiwan Publishing, 1992[1965]), pp.69-70. 臺灣重譯校註版：《被出賣的台灣》，蘇瑤崇等譯，台灣教授協會出版，二〇一六年）。

16 事件起因於日警刻意打擊鳳山反日的「危險分子」。鳳山地區的知識分子領袖吳海水與地方人士往來頻繁，日警即懷疑他有不利日本政府的行動。特高警察在一九四一年底太平洋戰爭爆發前夕逮捕吳海水、莊媽江、蘇泰山、李元平等鳳山名望之士，史稱「鳳山事件」。（參見吳榮發著，〈黎明前的焦慮：高雄陰謀叛亂事件（一九四一—一九四五年）〉，收入《雄中學報》，第八期，二〇〇五年十一月，頁243-270。）

17. 事件起於一九四一年底，日本特高警察利用高雄州林園庄的民間私怨，加以渲染虛構，控訴事件當事人陰謀變革日本國體，違反治安維持法，進而展開調查及逮捕行動。一九四二年八月至一九四三年七月間，日警共拘押二百餘人，其中不少人在審訊期間遭受酷刑，不幸慘死。

18. 黃旺成著，《黃旺成先生日記》，一九四五年三月二十七日。按：《黃旺成先生日記》由中央研究院臺史所與國立中正大學聯合出版，於二〇一九年出版第二十冊，包含一九三四年以前內容。本文此處引用部分尚未刊行，感謝國立政治大學臺灣文學研究所曾士榮教授見賜文獻。

19. 鄭春河著，《戦後の台湾》（出版地不詳：出版者不詳，一九九四年），頁2。

20. 鍾逸人著，《辛酸六十年——二二八事件二七部隊部隊長鍾逸人回憶錄（上）狂風暴雨一小舟》（臺北市：前衛，二〇〇九年），頁189、223、258。

21. 楊基銓撰述、林忠勝校閱，《楊基銓回憶錄》（臺北市：前衛，一九九六年），頁168-169。

22. 陳柏棕、阿部賢介、廖怡錚訪談，陳柏棕記錄、整理，〈中川義夫（陳臣銅）先生訪談紀錄〉二〇〇九年十二月十五日，未刊稿。

23. 《臺灣新報　南部版》，一九四五年七月三十日，第一版。

終戰當下臺灣人的想法I：臺灣民族運動先驅林獻堂之例

‖ 林獻堂。引自／《人文薈萃》

戰爭結束前，臺人對戰後臺灣所抱持的看法為何？是否對日本當局的戰局報導信以為真，相信日本終將戰勝，抑或察覺趨勢不利，預見日本即將戰敗？想像戰後的臺灣局勢同時牽涉到臺人的自我認同，這是此時期至為關鍵的問題。本文在此將以臺灣民族運動先驅林獻堂在戰爭末期的動向為核心進行討論。

歷史學者分析林氏對日本當局因應戰局的觀察，形容他在戰爭末期的心態為「退避」，並描述了他的心理狀態：

林獻堂愈來愈相信臺灣與殖民母國命運相連，對與美英陣營愈來愈感仇恨。……相信戰勝宣傳、對戰局誤判，也失去對臺灣前途的其他想像空間，愈發與日本當局合作……。表面上他似乎痛恨敵國，向日本傾斜，實際上這些考慮無非基於臺灣安危。林獻堂自始至終要求提升臺灣人地位，戰爭末期發現日本帝國的窮兵黷武終將貽禍臺灣，終於忍不住出言指責[24]。

從《林獻堂日記》中，可以窺見他對日本當局政策的支持或戰戰兢兢、明哲保身的態度，除自我的戒慎恐懼之外，他也以深思謹慎的眼光檢視至親好友的言行處事，不時耳提面命，要求他們應以局勢為重。

當時與林獻堂交往甚密的張文環，於一九四五年二月邀請林獻堂擔任樂隊顧問。喜好音樂的林獻堂卻直接拒絕，並且指責張文環「際此伯林陷落、マニラ（馬尼拉）失守之時而開音樂會，殊不適當，然已發表農民慰安而作，切勿過於誇張為要」[25]。

曾聽從林獻堂勸告而決定不改姓名的陳炘與林氏交情匪淺，一九四五年三月提出辭去臺灣信託會社專務（董事）時，林氏以「際此時局緊逼，勿辭為是」為由加以慰留[26]。此外，同年四月擔任農業會金融部長的林士英因與副會長莊垂勝意見不合，有意求去。林獻堂便向士英說：「時局急逼，切勿因些少之事而鬧脾氣也[27]。」依此可見，林獻堂顯然十分注重大局，小心行事，不僅諸事三思，更提醒身邊之人切忌意氣行事。

思緒如此縝密的林獻堂對戰爭趨勢看法如何？根據曾經擔任林氏秘書的葉榮鐘回憶，一九四五年春天，一般知識分子都認為日本之敗亡已是時間的問題，因而十分關心戰爭結束後臺灣的命運將會如何。「老先生（按：林獻堂）對於這個問題，始終未曾言及，但是他老人家的舉動，卻能充分表現出他內心的秘密[28]。」雖然葉榮鐘在後文並未明確敘述林獻堂「內心的秘密」，但是從後文揣測，葉榮鐘認為林獻堂應該也是預測日本戰敗，而臺灣將歸還中國。

然而實際上林獻堂對日本戰局的預測始終搖擺不定，甚至一直到戰事尾聲的一九四五年，他對情勢的判斷依舊讓人覺得霧裡看花。一九四五年的一到二月之間，日軍在菲律賓戰局失利，同盟軍進攻柏林，加上時任日本首相的小磯國昭竟在議會所答詢說出「信天佑不如恐天譴，吾人今日天譴之時也」的話語[29]，前線每況愈下的消息與首相的答詞或許會讓林獻堂對日軍失去信心，卻不足以讓他直接判定日本必然戰敗，而是無法預測結果為何。

在聽到小磯首相答詢後，林獻堂寫下：「空中燕子冒雨而飛，知今日為立春，能應時節而來，信乎！禽鳥知時可以，人而不如燕乎！」又因醫生林春懷無法確診小舅楊天佑的病因而心生慨嘆：「噫！醫生之診斷尚不能確實，何況對於時局之認識而能明瞭耶？」[30]林獻堂曾經聽信日軍對戰果的浮誇報導，天真以為「米國（美國）之敗，當在不遠矣」[31]，如今時局顯然對日不利，方才深覺世局難料，也為過往的單純感到愧疚。因此當好友詢問林氏有關時局的未來趨勢時，林氏只好回答：「現在時局非吾人所能逆料，惟盡人事以待天命而已[32]。」

另外，戰爭末期林獻堂仍然與臺灣總督府高層保持密切的關係。不僅與日籍官吏、軍人、企業家、知識分子等人頻繁接觸商談，甚至在一九四五年八月四日接受臺灣總督安藤利吉的拜訪。除了被動接受外客來訪，林獻堂也主動與高層官吏保持密切聯繫，一九四五年一月十三日去函離任臺灣總督府警務部長山內逸造，為其任內所受之照顧表達敬謝之意，並且希望山內日後能夠對臺灣未來多有指導。三月二日臺中豐原、潭子、北屯、西屯地區遭受空襲，因大屯郡守村田富三郎剛好在北屯，林獻堂便撥電話向村田郡守表達關心之意。三月十七日皇民奉公會事務總長山本真平之住家受空襲焚毀，翌日林獻堂便寫信慰問並贈送襯衫。六月四日得知前月三十一日臺北大空襲，總督府受損，便寫慰問信給安藤總督與總務長官成田一郎。同月十八日又獲知警察局長沼越正已之官舍被破壞的消息，同樣致函慰問。以上種種例證表示，就林獻堂而言，與日本高層官吏保持密切關係，時時以關心、敬愛、友誼之禮，維繫與臺灣總督府之間溝通管道的最大可能，為其臺灣指導階層身分所背負的任務與期望。直至戰爭末期，林獻堂依舊絲毫不苟地持續努力著。

戰爭末期林獻堂與日本當局關係邁向新的階段。於一九四五年四月，日本政府改正貴族院令與眾議院令，在臺灣勅選三名貴族院議員，並分配五名眾議員名額。林獻堂、簡朗山（當時因「改姓名」政策故名為綠野竹二郎）、許丙被遴選為貴族院議員。其實林獻堂早於前一年的十二月十三日即被特務告知，臺灣總督府決定推薦他擔任貴族院議員。發布前一天，臺中州知事清水七郎也撥電話通知並請林氏承諾。

雖然《臺灣新報》於四月五日刊載三名出任臺籍貴族院議員的感想，然而林獻堂的感想並非自己起草。《臺灣新報》記者前一天想透過電話問林氏感想，但他恰好不在。當天晚上林獻堂回電時，記者竟已擅自編撰一段感激之詞，並逕行印刷。因此《臺灣新報》所刊載的林獻堂感想並不能視為林獻堂本人的真實意見。

自四月四日報紙刊登勅選貴族院議員的新聞開始，恭賀林氏的訪客就駱繹不絕，其中包含不少日籍官吏、警察等。當天林獻堂帶著長子攀龍參拜臺中神社，並拜訪清水臺中州知事、臺中地方法院院長上田幸治、檢察官長下秀雄、警察部長石橋內藏之助、產業部長舟津敏行、教育課主事高橋金四郎、臺中憲兵隊分隊長野々村治作、《臺灣新報》臺中支社長竹內清、醫師宮原武熊、律師遠山景一等日籍高層官吏、軍人及民間人士。

四月八日林氏前往臺北，翌日與同樣被遴選為貴族院議員的簡朗山、許丙一同參拜臺灣神社。之後拜訪安藤總督、成田總務長官等臺灣總督府高層官吏（總督、總務長官均不遇）、以及臺灣憲兵隊司令官上砂勝七少將、重永主計上校、近藤新一等軍人。

林氏原本預定於四月十日傍晚搭乘火車返回臺中，然而總督府通知明晚安藤總督招待林氏等貴族院議員，於是他繼續留住臺北。翌日在宴會開始前，許丙前來請林氏代表三位臺籍貴族院議員表致謝辭，林氏答應並熟讀辭稿十數遍。宴會上有安藤總督、成田總務長官、沼越警務局長、農商局長須田一二三、參謀長諫山春樹、參謀副長宇垣松四郎等主賓共十八名。林獻堂在此場宴會上很有可能用日語致詞。因為宴會前練習讀稿十幾遍，並且在他的日記中也以日語記載當天謝詞的要點：「六百七十萬島民ト相攜ヘテ粉骨砕身御奉公ノ赤誠ヲ致シ以テ皇恩ノ萬一ニ答ヘ奉ル覚悟デ御座イマス（按：有六百七十萬島民相互提攜，粉骨碎身，致以奉公之赤誠，以報答皇恩於萬一之覺悟）。」[33]隔天（四月十二日），林氏還偕同許丙前往臺灣總督府，表示昨晚招待的謝意（但總督不在）。被敕選為貴族院議員前後的過程，林氏依然與臺灣總督府及日籍重要人士保持相當密切的關係。

無庸贅言，於日本統治之下，臺灣知識分子的公開言論受到政治力的箝制，無法自由發言，必須符合日本當局政策，或表示順從的態度。然而至少從上述過程及林氏私人日記中，即使是在日本統治瀕臨瓦解的狀況下被選為大日本帝國議會之議員，卻絲毫未見其苦惱或尷尬。

四月十四日，《臺灣新報》刊載三名臺籍貴族院議員的座談會新聞。其中簡朗山強調臺灣人需要打破陋習迷信，許丙則接續簡朗山的論調，進一步主張教育的重要性。另外，《臺灣新報》主筆同時也是座談會訪談者的伊藤金次郎透露心中擔憂：「臺灣人是否藉此趁機更積極要求提升臺灣人的政治地位？萬一出現如此得寸進尺的要求，恐怕悖與這次的聖旨[34]。」對於伊藤的擔憂，林獻堂回答：

絕對沒有如此趨向。雖說人有無限的希望與要求，也可能有趁著這個機會要求更多待遇改善的念頭，但是現在是國家非常時刻，不應該提出那樣的要求。現在是必須全力以赴地排除國難的時刻，全島民現在除了求勝而戰的決意之外，沒有任何其他念頭[35]。

從上述座談會中，可以稍微窺見戰爭末期的日臺關係。首先，雖然經過這次「待遇改善」，已有選出臺灣代表進入帝國議會的正式制度，但是日本內地與臺灣之間在制度上尚有相當大的落差。從臺灣選出的貴族院議員名額僅有三名，並且眾議院選舉制度也與日本內地不同，採取限制選舉制度。僅有二十五歲以上且過去一年以上繳納直接稅十五圓以上的男子才擁有投票權。此限制選舉制度與一八八九年日本政府首度實施近代選舉的制度如出一轍。就選舉制度而言，臺灣仍然較日本落後半世紀以上。

其次，觀察林獻堂上述的舉動，仍然對日本當局表示明顯的順從態度，並未因日臺之間依然存在差別制度，而讓他更進一步爭取臺灣人的權利。最後，林獻堂之所以採取如此慎重、消極的態度，原因是他認為身處「非常時期」，無論日本人或臺灣人，都必須容忍任何困難，直到日本戰勝。因應戰爭體制，林氏在其他慶祝會也主張「必勝信念」。雖然如此，林獻堂也並未忘懷解決日臺之間的差別問題，把握機會試圖將臺灣人的心聲傳達給日本當局。

註

24 陳翠蓮著，《台灣人的抵抗與認同（一九二〇～一九五〇）》（臺北市：遠流，二〇〇八年），頁229。

25 林獻堂著，許雪姬編註，《灌園先生日記（十七）一九四五年》（臺北市：中央研究院，二〇一〇年），頁60。

26 林獻堂著，許雪姬編註，《灌園先生日記（十七）一九四五年》，頁92。

27 林獻堂著，許雪姬編註，《灌園先生日記（十七）一九四五年》，頁140。

28 葉榮鐘著，李南衡編，《台灣人物羣像》（臺北市：帕米爾，一九八五年），頁32。

29 林獻堂著，許雪姬編註，《灌園先生日記（十七）一九四五年》，頁53。林獻堂所抄下的發言應是一月二十六日貴族院本會議中，小磯首相答詢姉崎正治議員的提問，原文為：「天佑を信ずる者は必ず天譴を恐れる。……今われわれは真に天譴に直面していると信ずる。」（《臺灣新報　臺南版》，一九四五年一月二十七日，第一版、《官報》，號外〔一九四五年一月二十七日〕）。

30 林獻堂著，許雪姬編註，《灌園先生日記（十七）一九四五年》，頁53。

31 陳翠蓮著，《台灣人的抵抗與認同（一九二〇～一九五〇）》，頁243。

32 林獻堂著，許雪姬編註，《灌園先生日記（十七）一九四五年》，頁67。

33 林獻堂著，許雪姬編註，《灌園先生日記（十七）一九四五年》，頁132。

34 《臺灣新報　南部版》，一九四五年四月十四日，第一版。

35 《臺灣新報　南部版》，一九四五年四月十四日，第一版。

終戰當下臺灣人的想法II：臺灣之喉黃旺成之例

如同林獻堂，黃旺成曾任臺灣文化協會、臺灣民眾黨幹部，也曾經在《臺灣新民報》上發揮筆力，是日治時期臺灣民族運動中的重要角色。他在戰爭末期對戰局與臺灣的未來又是抱持何種看法呢？

黃旺成於一九四二年同盟國的攻擊中喪失女兒與女婿，這讓他對英國、美國、中國等同盟國抱持敵對觀感。日記上摘敘空襲狀況時，黃氏皆以「敵機來襲」一詞作為記錄，身處戰爭末期的他對於同盟國的態度已呈現與日本相同的敵對傾向。換言之，就戰爭體制下的立場而言，以往日臺之間的界限逐漸淡化，不再涇渭分明。面對眼前大戰的局勢，無論他本人自覺與否，黃氏與日本當局顯然處於同一陣線。黃氏日記中，除了記載連日臺灣島內的空襲狀況，還經常出現日本內地的空襲狀況及皇居、神宮等日本重要建築物的損害情形。譬如：

敵B29約一三〇，自零時過至三點二十來襲名古屋，十時鎮火熱田神宮火災[36]。

昨十三夜二十三時起，B29約百七十キ（按：架），四時間襲帝都（按：東京），炸燒並用投彈宮城（按：皇居），明治神宮燒失，大宮御所、赤坂離宮一部火災[37]。

昨十七日，B29百機侵名古屋，爆熱田神宮本殿，外一二〇キ侵下關，投機雷（按：水雷）[38]。

B29二五〇キ，一點：半至四時主侵帝都一部（川崎、橫濱、靜岡），宮城帝X（按：字跡無法辨識）再被彈，X茶室、赤坂離宮、器具置場三棟燒失[39]。

B29二五〇キ廿五日廿二時五十分，約二時間無差別爆帝都、大宮御所。宮城內長殿炎上外，相當被害[40]。

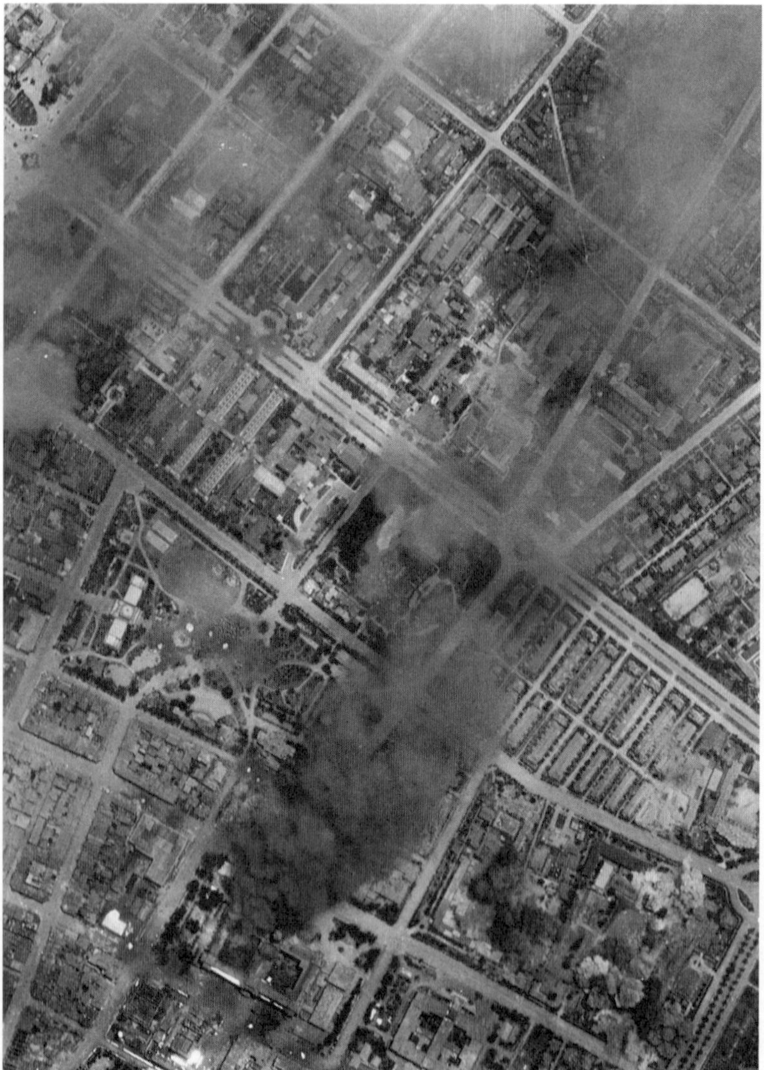

1945 年 5 月 31 日臺北大空襲，下方冒煙者為遭到轟炸的總督府。引自／中央研究院人文社會科學研究中心地理資訊科學研究專題中心

從日記的這些記錄可以清楚看到，黃氏對戰局的觀察範圍，不僅限於居住地臺灣，還包括日本內地，以及神社或皇居等具有日本國家意識象徵的建築物。換言之，經過戰爭時期，黃旺成在思想上，已經有了「臺日一體」的概念。此外，日記中也看不出他已事先預測到日本可能戰敗。

黃旺成在一九二〇至三〇年代臺灣民族運動中甚為活躍，亦曾赴中國大陸長期居留。雖然如此，在戰爭局勢逐漸發展為對日不利的狀態下，黃氏仍未預測日本戰敗或事先考慮日本戰敗後的臺灣狀況。從黃旺成的例子，不難看出當時日本當局對媒體的控制是多麼嚴密，也能觀察出當時一般臺灣人極度缺乏可以預測日本戰局的情報與資訊。

註

36 黃旺成著，《黃旺成先生日記》，一九四五年三月十二日。

37 黃旺成著，《黃旺成先生日記》，一九四五年四月十三日。

38 黃旺成著，《黃旺成先生日記》，一九四五年五月十八日。

39 黃旺成著，《黃旺成先生日記》，一九四五年五月二十五日。

40 黃旺成著，《黃旺成先生日記》，一九四五年五月二十六日。

終戰當下臺灣人的想法III：地方青年醫師吳新榮之例

相較於林獻堂與黃旺成，在臺南佳里開業的醫生吳新榮在日記中對戰局的趨勢和戰爭結束後的想法多有著墨。

譬如，吳氏於戰爭結束前一年便夢想「戰後必去古都置宅，專心教育子弟」[41]，顯示他對戰後的生涯規劃；同年十二月卻又說「嚴寒中迎接大戰的三週年。雖云決戰，但覺戰爭才到一半」[42]，文詞中明顯透露漫長戰爭所帶來的懷疑與不安。他在醫師會會長選舉失敗後，抱著希望說：「今後我想在戰爭中應始終做為在野才好。戰時結束後，自然就有行使吾等實力的餘地。即使吾等的意志未克實現，吾等子孫必也可以實現吧[43]！」此外吳氏亦多次推測美軍不會登陸臺灣，並針對歐洲戰線與亞洲戰線的趨勢進行分析[44]。能以如此細膩且準確目光觀察戰局的吳新榮，是否也預料到日本的戰敗，而積極準備戰爭結束後的新臺灣建設呢？

歷史學者指出吳新榮預見日本即將戰敗，因此很快地取出《中山全集》重新溫習，並在戰後得以迅速重拾對中國的認同。換言之，他的中國認同在日本統治下只是暫時隱藏，並未消失[45]。其他學者則認為吳新榮在戰爭體制下的「日本認同」（Japanese identity）逐漸擴大，進而侵蝕他的「臺灣認同」（Taiwanese identity）[46]。但是一九四五年五月吳新榮重新閱讀《中山全集》，顯示他的中國意識愈顯清晰[47]。

雖然吳新榮在八月十五日獲知日本投降時，就表示他先前的預言完全應驗。如同上述他對戰局趨勢的分析，可說是高瞻遠矚，就連美國陸軍統帥麥克阿瑟與海軍米尼茲總司令之間作戰方針的衝突也能洞悉。但是在一九四五年四月底柏林陷落前夕，相對於林獻堂將希特勒、墨索里尼稱為「好戰之指導者」，並擔憂日本的下場，吳新榮則頑強地說：「如同蘇聯不是美國，日本也非德國。所以伯林在舊金山會議之前被赤軍占領，而沖繩的美軍尚陷於苦戰之中[48]。」在獲悉德國無條件投降時，吳氏並未顧慮到日本的戰況，惟說：「這是預料的事，希特勒其實沒有他自己所說的那麼偉大[49]。」顯然吳新榮將歐、亞戰局視為兩個獨立的體系，並未深究兩者間的關係與連動。其實吳氏也曾出現因無法預測戰局趨勢而深感困惑的情況。譬如一九四五年五月三十日，在連日空襲的轟炸下，吳氏已經感到精神面臨崩潰，困惑地表示：「這種狀態持續下去的話，會有什麼後果，無法預知。有一陣子軍方官方都認為在五、六月份就可知道結果，現在就要進入六月了，戰局尚在五里霧中[50]。」值得注意的是，吳新榮在佳里經過大空襲後，與林獻堂異口同聲地說出：

> 一半市民嚇得逃離，是理所當然的。我則以自己的理智和可能的範圍，作好防空設備；無法預期的事和不可能作到的事，只能祈求神靈的加護而已。基於這想法，今晨齋身沐浴，上香祭拜天地之神與祖先之靈，為安身立命祭禱。**是謂盡人事而聽天命是也**[51]。（按：旁點為筆者加註。）

此言與林獻堂被問及戰局趨勢的答覆如出一轍。由此可見，即使是對戰局動向十分敏感的吳新榮，也表示難以預測戰爭的結果。

吳氏將戰時出生的次女與三男分別取名為「亞姬」與「南圖」，意味著「亞洲之姬」與「圖謀南進」，這恰好符合當時日本的「東亞新秩序」與「南進政策」，顯然吳新榮對於日本在亞洲之地位依舊抱持樂觀態度。離戰爭結束不到一個月時，吳氏對於子弟之培育仍然偏好「日本式」教育，將南圖從疏散地的將軍老家帶回來，想要讓他就讀日本學校。如果吳新榮預見日本即將戰敗，讓寵愛的子弟大費周章地從疏散地返回佳里，並使其就讀「日本式」學校，實為矛盾之舉。

吳新榮在戰時體制的艱苦生活及空襲的恐懼中，仍然毫無忌憚地閱讀中國及臺灣文化思想的相關書籍。譬如一九四五年二月二十八日閱讀除村一學編輯的《支那文化談叢》、三月十四日江文也的《上代支那正樂考》、四月九日的《臺灣文化論叢》、五月九日辜鴻銘的《支那人の精神》、甚至在五月三十一日閱讀孫中山的《中山全集》。

吳氏對中國文化及思想的熱忱或許可以解釋為「他在預料中迎接新時代的來臨」。但是吳氏當時閱讀的書籍不只限於中國方面，還擴及《愛蘭革命史》，《起てよ印度》

等其他國家的民族史書籍，隨筆集《河童昇天》、《子規言行錄》（按：子規為日本明治時代著名的俳人正岡子規）等文學性作品，以及《東亞政治經濟戰略圖》參考書性書籍。況且當吳氏閱讀《中山全集》時，其動機並非一九四五年六月六日日記所記載的「想到東洋的將來，便非得研究中國的政治思想與文學思想不可」[52]，其實吳新榮早於五月二十九日便拿出《中山全集》，而其動機是「父親的詩稿整理既已完成，找不到可讀的書，昨天開始就拿出《中山全集》來看[53]。」到六月六日時仍然說：

今天也是陰時多雨，即使有空襲警報，敵機也可能不會來的。因此多出許多時間可以看書，不過喜愛的單行本幾乎快讀完了。想到東洋的將來，想研究一下中國的政治思想和文學思想，所幸手中有《中山全集》和《胡適文存》，就從這兩種著手讀讀看。《中山全集》以前約略看過了一次，現在重讀，似乎多少能夠有所批判[54]。

吳氏對於《中山全集》花費較久時間閱讀，閱讀心得也比其他作品有更多記載，這確實顯示吳氏對孫中山思想及三民主義頗有興趣[55]。要注意的是，他的閱讀心得中並沒有出現三民主義思想與臺灣現況的比對。如果吳新榮是在預料臺灣即將歸還中國的前提下閱讀《中山全集》，理應出現「三民主義是否適合臺灣社會」的相關討論。

他在讀完《愛蘭革命史》後，寫下：「……看完後覺得大有收穫。尤其與書中所寫的環境多少有些相似的本島，有許多可參考之處，但畢竟只是一個資料而已[56]。」看得出來他顯然是在對比愛爾蘭的獨立與臺灣的狀況。但是讀完《中山全集》後，他並沒有像讀過《愛蘭革命史》般，與臺灣比較。因此吳氏在戰爭結束兩個多月前重新閱讀《中山全集》，動機並非是他早已預見日本的戰敗，更不是已經知道臺灣將被中華民國收編。

然而，吳氏於一九四五年八月十五日得知日本投降時，曾興奮地說：「恰中我先前告訴徐清吉、黃朝篇兩人的預言，連我自己都嚇了一跳。[57]」儘管吳氏曾對友人作出預言，但預言的時間及詳細內容不得而知，加上吳氏重新閱讀的《中山全集》只是當初用來打發時間的閱讀書籍之一，而非以應用於臺灣社會之理論基礎為目的而研讀，這是否意味著吳氏當時對戰爭結束後的預設，並未出現「臺灣將歸屬於中華民國」這個選項。

在戰爭結束前，雖然戰局對日本漸趨不利，臺灣幾乎天天遭受同盟國的空襲，部分知識分子也許預感或期待日本的戰敗，但是當時無論是臺灣人或在臺日本人，於嚴密的媒體統制下無法得知正確的戰局新聞及國際潮流，加上每天聽到警報便逃進防空洞，在戰爭的狀態下個人的生命及財產都受到威脅，完全無暇顧及整體戰局的走向趨勢。因此筆者認為關於戰爭結果及臺灣未來的命運，當時的臺灣人實在沒有能力進行明確的預測。

註

41 吳新榮著，張良澤主編，《吳新榮日記全集七（一九四三—四四）》（臺南市：國立臺灣文學館，二〇〇八年），頁442。

42 吳新榮著，張良澤主編，《吳新榮日記全集七（一九四三—四四）》，頁459。

43 吳新榮著，張良澤主編，《吳新榮日記全集七（一九四三—四四）》，頁463-464。

44 陳翠蓮著，《台灣人的抵抗與認同（一九二〇～一九五〇）》，頁262-263。

45 陳翠蓮著，《台灣人的抵抗與認同（一九二〇～一九五〇）》，頁263-264。

46 Shih-jung Tzeng, From H nto Jin to Bensheng Ren, p. 84-85。

47 Shih-jung Tzeng, From H nto Jin to Bensheng Ren, p. 82-83。

48 吳新榮著，張良澤主編，《吳新榮日記全集八（一九四五—四七）》，頁128。然而吳新榮日記中，稍有令人不解的記述。譬如，一九四五年四月二十九日回想近年發生的重大時事，其中竟然寫進「廣島的原子彈轟炸」，卻在美國投下原子彈的實際日期前後未曾記載相關新聞。雖然編者為其解釋（見張良澤著，〈編後記——談日記中最大的懸案〉，《吳新榮日記全集十一（一九六二—六七）》，頁401-414），但臺南市文獻委員的黃天橫認為這應該是吳新榮後來補記。（參見黃天橫口述，陳美蓉、何鳳嬌訪問記錄，《固園黃家——黃天橫先生訪談錄》（臺北市：國史館，二〇〇八），頁178。）筆者也認為此記載有可能是日後補記。理由除了日期不符之外，原文的「原子彈」並非日文寫法（按：應作「原子爆彈」），而是中文。一九四五年吳新榮的日記直到戰爭結束當天都以日文撰寫，檢視前後文也幾乎未見與中文（文言文或白話文）及臺語混雜的傾向。因此僅此單字以中文記載，也令人費解。《林獻堂日記》則在原子彈投下前後日中，明顯保留補記的痕跡，如是寫道「原子爆彈廣島」、「原子爆彈長崎」（參見許雪姬著，〈台灣史上一九四五年八月十五日前後——日記如是說「終戰」〉，收入《臺灣文學學報》第十三期，頁162）。因此，以日記為史料時，仍須慎重鑑別其可信度。

49 吳新榮著，張良澤主編，《吳新榮日記全集八（一九四五—四七）》，頁130。

50 吳新榮著，張良澤主編，《吳新榮日記全集八（一九四五—四七）》，頁142。

51 吳新榮著，張良澤主編，《吳新榮日記全集八（一九四五—四七）》，頁135。

52 陳翠蓮著，《台灣人的抵抗與認同（一九二〇～一九五〇）》，頁263。
53 吳新榮著，張良澤主編，《吳新榮日記全集八（一九四五—四七）》，頁142。
54 吳新榮著，張良澤主編，《吳新榮日記全集八（一九四五—四七）》，頁145。
55 《吳新榮日記》中，針對某本書的閱讀心得通常只會出現一到二次，但《中山全集》卻有九次（天）。
56 吳新榮著，張良澤主編，《吳新榮日記全集八（一九四五—四七）》，頁125。
57 吳新榮著，張良澤主編，《吳新榮日記全集八（一九四五—四七）》，頁171。

「玉音放送」與戰爭結束

如前節所述，臺灣人在砲聲隆隆的生活及日本官方的情報管制下，甚難對戰局進行全盤性的理解，那麼當時臺灣島內的人民又是如何獲悉戰爭的結束及日本戰敗的消息呢？

早於一九四五年八月十一日，中國各地便已傳出日本政府接受「波茨坦宣言」的消息[58]。與之相較，可以在八月十五日正午「玉音放送」前，獲知日本戰敗消息的臺灣人可以說是寥寥無幾。即使是在八月十五日早晨，從當時臺灣唯一的報紙《臺灣新報》上所能閱讀的資訊也只是日本的戰果及原子彈（按：當時報導稱之為「新型爆彈」）的對應方法而已[59]。因此是日正午「玉音放送」所傳遞的戰爭結束且失敗的資訊，對臺灣島內的一般人民（包括日本人）說是晴天霹靂真的是一點也不誇張。戰爭結束的消息如何傳達到臺灣島內？得知戰爭結束的臺灣島民眾是何種反應？是本節討論所聚焦之處。

首先說明「玉音放送」的播送實況。日本政府內閣八月十四日決議正式接受「波茨坦宣言」，並由天皇親自透過傳播宣傳其事後，關於適切的播送時間也經過一番熱烈討論。當時日本陸軍大臣阿南惟幾為了確實將投降的消息傳達到外地軍隊，主張播送「玉音放送」的時間應延至八月十六日。但是為防萬一，內閣最終仍決議於八月十五日正午播送[60]，並於十四日當天晚間九時的新聞廣播預告隔日正午將播送重要新聞。十五日上午七時點二十一分播送第二次預告，並告知此一重要新聞將由天皇陛下親自播送。日本內地報社前一天已被告知日本接受「波茨坦宣言」，並被要求播送「玉音放送」後才發送早報。因此部分報社僅以號外的形式告知正午將播送重要新聞[61]。

實際上，八月十五日播送的內容並非單純由天皇親口宣讀大詔。筆者在此簡述播放內容及流程如下。

八月十五日正午十二時整，首先由日本放送協會主播告知即將播送重要新聞，並呼籲聽眾起立。其次由曾經擔任臺灣總督府民政長官，時任情報局總裁的下村宏傳達稍後將由天皇親口宣讀大詔。接著是播放日本國歌〈君が代〉，之後播送前一天事先

「玉音放送」：1945 年 8 月 15 日正午 12 點，昭和天皇親自宣布戰敗投降。引自／維基百科

錄音的「玉音放送」。「玉音」結束，又再播放〈君が代〉，再由主播宣告「玉音放送」結束。

由於天皇的「玉音放送」是以漢文（文言文）的形式起草，內容對一般人民而言十分艱澀難解。因此「玉音放送」播送完畢，主播便以平易簡明的語彙解說全部「玉音放送」的內容。廣播全程時間長達三十七分三十秒。

其次分析「玉音放送」在臺灣的收聽的狀況，亦即廣播的實際傳達效果。當時林獻堂、黃旺成、黃繼圖都及時聽到廣播，得知日本戰敗。[62]八月十五日當天能透過廣播聽到「玉音放送」，並且清楚地理解內容得知日本戰敗的人恐怕不在多數。吳新榮那天雖然知悉正午將播送重要消息，卻因為停電導致收音機無法運作。[63]當時疏散到臺南學甲的黃天橫，也因為疏散時收音機受到損害未能聽見「玉音放送」。[64]其實戰爭結束當時，家中擁有收音機並能收聽廣播的臺灣人實為少數中的少數。

據研究，一九四三年全臺收聽廣播的總户數約為十萬户（收聽率八．六四％），其中日本人家庭約為五萬四千户（收聽率四九．二七％），臺灣人家庭約為四萬六千户（收聽率四．四七％）。[65]此外，據臺灣放送協會的統計，一九四五年一月份的收聽户數為九萬九千二百四十六户，比一九四三年少，其中日本人家庭户數為五萬五千一百九十六户，臺灣人家庭户數則為四萬四千零五十户[66]；一九四五年六月全臺收聽總户數更減少為九萬七千八百二十三户，日本人家庭為五萬三千九百三十二户，臺灣人家庭為四萬三千八百九十一户[67]。如果參酌一九四三年的總户數計算，其收聽率日本人家庭為四九・一六%，臺灣人家庭則僅有四・二四%。臺灣人家庭的收聽率直至戰爭結束時期仍然停留在低比率。當時名律師陳逸松對此有過說明如下：

住在台北城外的臺灣人收聽到廣播的不多，一則因為當時收音機售價昂貴，又要繳納收音費用……再則是日本當局禁止臺灣人收聽中國大陸方面的廣播，常以此為羅織的罪名。像一九三七年九月，台中聞人莊垂勝的被拘（拘留四十九天）和一九四一年底，台南律師歐清石的被捕（按：此即「東港事件」）都依此為藉口，使臺灣人對收音機產生戒懼，怕惹麻煩[68]。

除此之外，如吳新榮（停電）、黃天横（故障）的例子，就算家中擁有收音機，可能也會因各種不可測的因素或外力干擾，而無法收聽「玉音放送」。據估計，戰爭結束時仍能收聽廣播的户數已經減少為兩萬五千户左右（也有如葉榮鐘因臥病在床而無法收聽廣播的例子）。

另一方面，因為前一天晚上與當天早上已經預告，大部分的公共機關或軍隊皆準備召集管轄人員，一同收聽「玉音放送」。時任臺北州產業部工礦課長的楊基銓在八月十五日一早上班時臨時接獲通知，要州廳的主要幹部於中午在大禮堂集合，屆時由天皇玉音廣播重要消息。有些被徵集從事營造陣地的學生兵士也於當天一同收聽「玉音放送」，甚至部分高層軍人似乎早於十四日便已得知日本投降的消息。他們收聽廣播的地方除了營隊，還有經過的旅館等地。但也有些軍兵因住院、出勤，或階級不高（僅士官級的軍官能收聽廣播，大多數士兵則無此待遇）。整體看來依舊有許多軍兵或一般人民並未收聽到「玉音放送」。即使當下有聽到廣播，卻也可能因為收訊不佳，雜音過多或用語難解（如果僅收聽「玉音放送」部分）而放棄收聽或誤解文意。在鄉下地方的廣播又可能因為雜訊干擾，只能斷斷續續地聽到幾句話，無法聽清楚廣播的全部內容。甚至還有人誤解這是一則天皇激勵臣民奮戰到底的訊息。陳逸松在十四日聽聞明天正午播送重要新聞的預告，並於隔天十五日寫下：

依照昨天的預告，按時打開我那架老舊不靈的收音機，在滿布雜音的「玉音放送」中，我只聽到微弱細聲的「一意一心」、「奮戰」等幾句話而已，我以為又是鼓吹「聖戰」的老套，沒等說完就把收音機關掉[69]。

因為陳逸松的收音機老舊不靈，雜音過多，無法清楚地收聽廣播，加上陳氏可能未聽完後面主持人的解說便關閉收音機，因此不但沒有發現這一則廣播實際上是在傳達日本投降的消息，還將它誤解為日本當局意圖奮起國民戰意的「老套」宣傳。

話說回來，陳逸松等人會將「玉音放送」誤解為相反之意，或許不能怪罪是收音機的品質問題。其實在戰爭結束前夕，日本當局曾以各種形式屢次發布激勵國民士氣的訓話。譬如一九四五年六月，以天皇「上諭」的形式發表：「在遭遇有史以來的難局時，忠良臣民等奮勇挺身地防衛皇土，並發揚國威，寡人特此褒讚之。[70]」同月底又以內閣「告諭」的形式訓誡：

儘管盡忠竭力，官民團結協力，但最終守不住沖繩本島……然而沖繩作戰不僅給與敵方甚大損害，阻礙敵方貫徹作戰，亦給予精神上打擊。……現在面臨元寇以來的國難，決定帝國存亡的時刻。……本大臣深切地期望奉拜聖旨，以徹徹底底地發揮日本魂、自奮自勵、互相信賴，堅忍日益加強的苦難，更進一步將所有行動集中於勝利之途，打破國難[71]。

戰爭末期，日本當局仍然以政府高層甚至天皇的訓話試圖製造作戰到底的氛圍。除此之外，就算是以日語為母語的日本內地人，面對「玉音放送」的內容也曾出現一知半解的例子。例如當時所屬獨立飛行第七十一中隊的清水博，八月十五日在內湖營隊裡，穿著正式軍服，與其他隊員一起收聽「玉音放送」。由於收訊不佳，未聽懂廣播內容，就私自以為這是「面對關鍵局面，天皇要求各個隊員更加奮勵、努力」[72]。凡此種種，難怪陳逸松會以為八月十五日的廣播也是宣傳老哏。

當時在第十方面軍後勤部隊擔任陸軍囑託的鍾逸人，就比陳逸松敏感。鍾氏似乎未聽到重要新聞的預告，十五日中午與友人討論時局，現場有收音機但沒打開。適逢一位駝背的日本人闖入，鍾逸人故意說出支持日本軍的言論。那位日本人卻打斷他們的談話，接著自言自語說：「今天中午東京方面聽說有重大廣播」，便扭開壁櫥上的廣播開關。鍾逸人回憶：

廣播內容聽不太清楚，斷斷續續，雜音很多。而且好似有一個帶有很悲愴聲調的人，在那裡念什麼「敕語」之類。

我們兩人仍祇顧默然相酌，不理他那一套，但廣播者的多少帶有著沙啞和悲愴的聲調，卻勾起我們的好奇，使我們不得不聚精會神地跟著傾聽廣播。駝背日本人指著收音機說：「這個很可能是天皇陛下的『敕語』，大概是說……」接下去，他就不敢再說了[73]。

雖然廣播音質不佳，而且事先也不知道這是天皇親口播送，但是鍾逸人從廣播者的悲愴聲調與日籍老人憔悴的狀態，直覺到時局可能出現急劇轉變。其實許多日本人也與鍾逸人相同，雖然並未聽得清楚，但從好不容易聽到的隻字片語及悲傷的語調，即使半信半疑，卻也直覺到日本戰敗的可能。

例如，當時任職於臺灣拓殖會社的秋本雅由因瘧疾發作，在床上收聽「玉音放送」。他回憶道：「廣播夾雜很多雜音，相當聽不清楚。內容也不太懂。只有欲忍所難忍、耐所難耐的部分聽得很清楚。整體來看，戰敗了啊，這樣模糊的判斷……[74]」當時任職屏東師範學校附屬國民學校的渡邊紡，在鄰居家中收聽「玉音放送」，也像秋本一樣，「因雜音，而且廣播斷斷續續，聽不太清楚。雖然如此，我半信半疑著是終戰[75]。」

如上所述，戰爭末期同盟軍對臺灣的空襲從未間斷，時局顯然對日不利。同盟國早於一九四三年便開始討論戰後處置的細節，但是在嚴密的言論統制下，多數臺灣人作夢也想不到決定將臺灣歸還「祖國」的「開羅宣言」已經發布。筆者認為，儘管是對時局敏感的知識分子，在戰時艱苦的環境以及官方封鎖不利消息的情況下，也難以預測日本的戰敗與獲知臺灣歸還中國的消息。一九四五年八月十五日日本公布無條件投降，但是在臺灣廣播之普及率偏低，且音質不佳的狀況下，藉由收聽「玉音放送」而直接得悉日本戰敗的人應為數不多，部分民眾甚至誤解為繼續作戰的號召。儘管如此，日本戰敗的消息透過口耳相傳，加上日後的媒體報導，漸漸流傳到全臺灣。下一章本文擬探討獲知戰爭結束及日本戰敗之後的臺灣社會狀態及臺灣人的動向。

註

58 黃英哲、許時嘉編譯，《楊基振日記：附書簡、詩文》（臺北市：國史館，二〇〇七年），頁178。
59 《台灣新報 本社版》，一九四五年八月十五日，第一、二版。
60 半藤一利著，《日本の一番長い日〈決定版〉》（東京都：文藝春秋，一九九五年），頁14。
61 佐藤卓己著，《八月十五日の神話――終戦記念日のメディア学》（東京都：筑摩書房，二〇〇五年），頁14。
62 許雪姬著，〈台灣史上一九四五年八月十五日前後――日記如是說「終戰」〉，頁165-167。
63 吳新榮著，張良澤主編，《吳新榮日記全集八（一九四五—四七）》，頁171。
64 黃天橫口述，陳美蓉、何鳳嬌訪問記錄，《固園黃家：黃天橫先生訪談錄》，頁178。
65 何義麟著，《跨越國境線—近代台灣去殖民化之歷程》（臺北市：稻鄉，二〇〇六年），頁90-138。許志成著，〈評何義麟《跨越國境線—近代台灣去殖民化之歷程》〉，收入《台史珠璣》，第二期，二〇〇九年十二月，頁183-190。
66 放送文化研究所著，《台湾放送協会》（東京都：放送文化研究所，一九九八年），頁197。
67 台灣總督府編，《台灣統治概要》（臺北市：台灣總督府，一九四五年），頁204。原統計中，收聽單位為「人」，應為「戶」之誤植。
68 陳逸松口述、吳君瑩紀錄、林忠勝撰述《陳逸松回憶錄（日據時代篇）――太陽旗下風滿台》（臺北市：前衛，一九九四年），頁294。
69 陳逸松口述、吳君瑩紀錄、林忠勝撰述，《陳逸松回憶錄（日據時代篇）――太陽旗下風滿台》，頁292。
70 《臺灣新報 南部版》，一九四五年六月二十二日，第一版。
71 《臺灣新報 南部版》，一九四五年六月二十九日，第一版。
72 中本昇編，《われら独飛71のあしあと――独立飛行第71中隊員の手記》（愛知縣：家田西行，一九八七年），頁302。

73 鍾逸人著，《辛酸六十年——二二八事件二七部隊部隊長鍾逸人回憶錄（上）狂風暴雨一小舟》，頁271-272。

74 三麓会，《台北州立台北第一中学校卒業五十周年記念文集——濃緑匂う常夏の》（出版地不詳：三麓会，出版年不詳），頁163。

75 台北第一師範孝校編，《同期生たちの8月15日》（出版地不詳：台北第一師範孝校，一九九七年），頁40。

戰爭結束後的臺灣社會

一九四五年八月十四日晚間，日本政府通知同盟國表示有意接受「波茨坦宣言」的決議，並於翌日透過廣播正式向國內公布。在臺灣除了「玉音放送」之外，同日《臺灣總督府官報》也以號外的形式公布安藤利吉總督的「諭告」：

自煥發宣戰之大詔以來業已歷四年。觀察世界大局和戰局變遷，終於下聖斷結束其局勢。其聖慮乃是冀望世界和平與臣民的康寧。至此聖上（按：天皇）親自諄諄教誨率領一億臣民的方向，我等臣民誠惶誠恐，不知所措。

自大東亞戰爭爆發以來，一億臣民傾總力量而戰，或者在戰線英勇善戰，或者在後方致匪躬之節，島民盡忠至誠之舉亦不勝枚舉。然而時局至此使宸襟懊惱，實在恐慌萬分。

現在全國民要走的方向是維持國體。皇民在茲應該重新下定決心，敦厚道義，鞏固志節，無論任何艱難橫在路途上，不能不隱忍，奉行大詔，粉身碎骨地開拓國運。

長期以來，戰爭之影響擴及到島民生活上，蒙受災禍，喪失家業的人亦不少。本總督將下最大的努力，除了特別貫徹援助復興戰災之外，增產食糧，確保經濟秩序，以便維持治安，穩定島民的生活。

般切期望島民鑑於本旨所欲，信賴軍官的措施，須無輕舉妄動者，冷靜著實，勉勵其生計。[76]

其後於十六日《臺灣新報》刊載天皇的詔書、安藤總督的「諭告」以及三國共同宣言（「波茨坦宣言」）的要旨，並於是日晚間七時二十分透過廣播公布安藤總督的「諭告」，傳達日本戰敗的消息。儘管日本官方已於八月十五日向國內各地宣達上述訊息，但日本統治最高行政單位之臺灣總督府並未因此遭受立即裁撤，甚至仍在形式上掌控臺灣全局。換言之，八月十五日之後的臺灣社會並未脫離日本殖民地機構的統治。

中國方面，由蔣介石所領導，當時位於重慶的國民政府，則基於一九四三年十二月一日所發表的開羅宣言，於一九四四年四月十七日成立「臺灣調查委員會」，展開收復臺灣的籌備工作，並於一九四五年三月十四日公布「臺灣接管計畫綱要」，培訓一千多名負責接收臺灣的各類幹部，同時出版數十種有關臺灣的資料與書刊，合計兩、三百萬字[77]。雖然中國方面早在一九四四年就著手籌備收復臺灣的計畫，正式接收臺灣卻是在日本投降兩個多月後的十月二十五日[78]。

自八月十五日起至十月二十五日止，日本尚未完全撤出臺灣，中華民國也還未正式接收臺灣，此時的臺灣究竟屬於日本還是中華民國？或者是所謂的「無政府狀態」，還是「以臺治臺」的「新樂園」？當時的社會局勢又呈現何種樣貌？本文擬透過臺灣總督府、第十方面軍檔案、私人日記、回憶錄、訪談記錄等文獻以及美國情報機關等相關檔案，多方探討這段時期的臺灣社會諸面相。

戰爭結束後，臺灣社會出現哪些變化呢？吳濁流回憶此期間多虧三民主義青年團

（以下簡稱三青團）的貢獻，才能「一絲不亂地把真空狀態平安渡過[79]。」這樣的言論乍看之下頗為合理，然而三青團並非戰爭結束的同時就立刻在臺灣成立。此外，即使三青團在臺灣省行政長官公署（以下簡稱長官公署）來臺接收前後對維持治安確實有所貢獻，但它的影響也無法上溯到戰爭結束的八月十五日。亦即，七十一天臺灣社會「真空時期」的秩序之所以能維持穩定，絕非用「三青團的貢獻」為由便可一筆帶過。其中蘊含複雜的歷史脈絡、社會條件、人民的思維與行動上的多元面貌。

過去研究以臺灣總督府留下的資料，針對經濟、社會及民心三大主題進行討論，指出戰爭結束後雖然物價、治安較為安定，但臺灣人的民心向背則是十分曲折。戰爭結束之初，「固然有樂見回歸中國者，但也有人因已適應日本殖民統治，反而對於國民政府諸種腐敗，以及可能因協助日本統治與作戰等行為而遭追究，深感不安[80]。」但是隨著回歸中國的事實逐漸明朗，臺灣人便四處奔走，組織歡迎國民政府的籌備會或三青團等團體，表現出回歸「祖國」懷抱的喜悅。然而戰爭結束後，臺灣社會治安仍在總督府的有效掌控中，更顯示出社會環境與民心複雜的面相。

日治時期臺灣警察網絡十分密集，警察威信普及每個村莊角落，尤其在戰時體制下，特別高等警察及憲兵隊特別加強對臺灣人的嚴厲監視，島內的犯罪率因此下降許多。戰後，富人仕紳或庶民大眾最迫切關懷的便是治安問題。雖然臺灣總督府的警察系統仍然持續運作，但是日本戰敗卻也代表日本警察將喪失原有堅不可破的威信，臺灣人已不再害怕警察的權力。作為殖民統治最基層的執法者，同時也是最接近民眾的警察人員，此時甚至成為臺灣人首要報復的目標。至於其他未具有防備能力的在臺日人，更是立即感受到臺灣人在五十年殖民統治下累積的雷霆之怒。

早在宣告戰爭結束前，臺灣總督府已然未雨綢繆，八月十三日即發布內部通令，要求各單位提高警戒，以備時局鉅變。八月十五日公布投降當天，再發布內部通令，強調繼續維持治安工作，防止混亂。值得注意的是，其中一條為：「積極地蒐集關於思想動向、經濟、治安之情報，並迅速地報告，連絡之。」[81] 另一條為：「針對希望

‖ 日治時期臺灣警察網絡十分密集，警察威信普及每個村莊角落。圖為臺北州警察衛生展覽會海報，將警察化身為千手觀音菩薩，一手執刀一手持佛珠，好壞都管，無事不管。引自／《臺北州警察衛生展覽會寫真帖》，1926

本島獨立之趨勢，應嚴謹查察。針對策動獨立運動之動向，斷然鎮壓之。[82]」臺灣總督府在竭力維持治安，防止社會失序的同時，顯然也對意圖策劃臺灣獨立運動等臺灣人的思想動向提高警惕。其結果是，八月底前臺灣總督府查獲臺中的楊貴（楊逵）「預見接收後重慶軍閥政權的專恣跋扈，為了牽制之，試圖鞏固同志的思想基礎之動向。[83]」另有新竹州會議員黃維生為接收後的臺灣社會及生命財產安全感到憂心，認為：「鑑於現在的國際情勢，且在日本政府承認之下，臺灣獨立並非為不可能」，而向新竹州廳請求承認獨立運動等傾向臺灣獨立的臺灣人動向[84]。然而日本官方資料處處散見宣揚日本統治臺灣五十年的績效。雖如前述已經發布鎮壓臺灣獨立運動的通令，但是臺灣總督府警務局的報告中仍然記載臺灣人的「親日感」：

・想要與內地人（按：日本人）一起過去內地（按：日本），但是在內地沒有財產，也沒有朋友、親戚。因氣候風土又不同，非常擔心能否過得下去。

．無論如何，父母及我都出生於日本，日本才是我等的祖國。擔心的是，至今日同甘共苦的內地人，以後還能如此做為兄弟互相扶助到何時呢。我們到內地也無法過生活，到底該怎麼辦才好，甚為憂慮。

．臺灣回到昔日，在支那統治下又土匪專橫跋扈，無法保障生命財產，我們已經有經驗。再也不應該回到支那的國民。無論以後日本人的進退如何決定，我們要堅持做日本人的態度。

．非常遺憾。這個（按：日本的戰敗）意味著東亞民族之滅亡，也代表著黃色人種陷落為白色人種之奴隸[85]。

臺灣人如此對日本依依不捨，對中國抱持不安甚至輕蔑的態度，報告中形容這是「在日本統治五十年中培育及陶冶出來的皇民性情」[86]。相較於上層通令對獨立思想、運動的警惕與禁止，該報告對於臺灣獨立思想的出現，容易將之與日本教化成功的證明相互連結。換言之，這份報告的論調似乎表明，當臺灣人對中國統治越是顯露反抗、嫌惡、抗拒之情，甚至是意圖獨立運動，就越能證明日本統治臺灣的政績卓著，不得不使人重新省思報告有採證偏失或流於主觀之嫌。

戰爭結束後，臺灣社會狀況沒有想像中穩定、平靜。實際上，臺人對日本人進行恐嚇、毆打、強盜等報復型的案件層出不窮，其後更出現數十人甚至數百人規模的組織，企圖殺害日本人未遂，掠奪軍用品等日本官方物資，擅自採伐官有林……等事件。戰爭結束後的治安狀態，大致在九月十五日前後，臺灣社會治安就開始呈現明顯惡化的趨勢。

臺灣省警備總司令部前進指揮所（以下簡稱為前進指揮所）十月初設置以後，開始間接行政，總督府的行政執行能力因而急劇削弱，治安狀況也日趨惡化。另外，因為日本當局的控制權逐漸減弱，九月底截止的納稅率表現不佳，其原因可能在於未納稅者認為：⑴日本統治機構即將消滅，不需要納稅、⑵害怕新政府會再徵稅、⑶就算新政府命令日本當局維持徵稅事務，還是不願意納稅給日本當局。因此由前進指揮所呼籲臺灣住民照常繳納稅金。

戰爭結束後的治安變化與中國來臺接收的進度，兩者之間顯示出正相關，亦即愈接近中國來臺的時間，臺灣社會便愈呈現脫離「日本式」的生活，表現出在「皇民化運動」下被壓抑的臺灣傳統習俗。相對於傳統風情的自由展現，臺灣總督府警察權力逐漸減弱，其對臺灣社會的控制與影響不再如以往深刻且全面，當公權力與執法者之正當性開始動搖，治安也隨之敗壞。

戰爭結束後，臺灣人對已退居為舊有統治者的日本人究竟抱持何種態度呢？因為此項議題涉及個人觀感與生涯背景的影響，無法一概而論。但是個人觀念上的統治／被統治關係於戰爭結束後逐漸瓦解，容易在臺灣人之間產生輕視、排斥日本人的傾向。戰爭結束前主持《臺灣民俗》，並與臺灣人保持較為密切關係的池田敏雄，於九月二十四日遇見陳逸松，陳氏便向池田說道：「這次我們立場相反了。日本人今後接受的痛苦，我們臺灣人也飽受同樣的痛苦[87]。」在學校裡也出現排斥日本人的現象。九月前後，各學校重新開始授課，然而開學第一天，代理日本校長的臺灣人職員便向學生極力主張：「臺灣人是一等國民，日本人是四等國民[88]。」或者日本教員進入教室後，發現黑板上寫著：「戰敗國民能教什麼[89]？」當時就學於臺北州蘭陽高等女學校的灣生，目睹臺灣學生已經不理會日本教師，也聽聞臺灣學生會向日本學生報仇之風聲[90]。

然而，治安惡化的現象，除了前述臺灣人對日本人施以報復行為或強盜軍事糧食及用品之外，也曾出現臺灣人自相殘害的情形（如臺灣人對臺籍警察施暴），或是發生日本人加害臺灣人之事件（如日本軍向地方人士搶奪金品）。另外也有日本軍人發送繼續作戰的檄文，或是出現原住民將趁社會混亂之際殺害漢人的謠言。跟據吳新榮的《日記》，九月二十五日在臺南佳里的臺灣人發起對日本人的暴動，其中臺籍巡查也在受害之列。至於日本人主犯的事件，自臺灣省警備總司令部（以下簡稱警備總司令部）在臺灣開始執務後，直至一九四六年十二月，接收日本軍尚未判決的疑犯及該部破獲的日籍犯人共有一〇八名，其中四十六名案件是自八月十五日至十月二十五日發生的竊盜、毀滅軍用物資、搶劫等犯罪。戰爭結束後，登陸臺灣的外國部隊（中國、美國、英國）也出現向婦女施暴的事件。耐人尋味的是，日本軍方資料指出，戰爭結束後共產分子已經侵入臺灣，日本軍並自一九四五年八月底到十一月即開始從事「對共匪警備討伐」等行動。

關於治安問題，在此特別提到的是，戰爭結束後賭博的歪風便立刻復甦。雖然日後臺灣人揶揄「光復」為「萬象都光復了」，亦即「盜賊、鼠疫、霍亂、賭博、槍擊、假貨都『光復』了」[91]，但是「賭博」惡習以及街頭上擅自擺設路邊攤阻礙交通等混亂情形，其實在十月二十五日「光復」前便已出現。《臺灣新報》於九月二十二日報導，以萬華車站至龍山寺地帶「氾濫」的路邊攤為主題，同時也生動描寫臺灣人賭博的場景。全篇報導使用諷刺的語氣說道：

此路邊攤之洪水，豈不象徵新的臺灣乎，牛、豬、鳥、雞、家鴨、XX（按：印刷字跡無法辨識），這些肉在店面疊得很高，……煽惑人們的好奇與食慾。……嚴苛戰爭的反動使得歷史逆行，正如充滿活力與精采的領臺當時，那種熱鬧再度出現。……昂貴的價格也已經超過感覺，只好微笑。市民的購買力也吹走X者的杞憂，鮭魚一斤十六圓，很好、胡麻油四合瓶廿八圓，接受、牛肉一斤十六圓，還好。……在龍山寺的角落，才白天眼睛尖尖的男生，始終注意地看著周圍，丟骰子。隨意地被折半的十圓紙鈔疊在桌上來來回回。看起來才小學五年級的男孩子也在襯衫的口袋裡放著紙鈔，加入賭博。這種民族特有的僥倖心理受到終戰反動的刺激。……新生臺灣堅強的氣息，從龍山寺這裡燃燒起來[92]。

池田敏雄也在九月底的日記中記載：「進入大稻埕，在亭仔腳（按：騎樓）公然地玩賭博，有人還在排隊，呈現盛況[93]。」，「在芳明館（按：黑道據點）前的亭仔腳，很多人在玩賭博。很多復員兵、日本人婦女（中年、年輕都有）也加入。[94]」中國大陸官員中，應為最早來臺的福建省政府顧問黃澄淵，也在九月二十二日臺灣留學國內學友會成立大會上，列舉臺北市之新興賭攤，做為臺灣人越軌行為之一。甚至自九月中旬在臺灣各地展開之美國情報人員電報中，也記錄賭博風氣蔓延，街頭上到處充斥著非法小吃店、飯店。

針對社會混亂的狀態，作家楊雲萍於「光復」兩天後在《民報》上刊載〈光復與「復古」〉一篇，講述「光復祖國」與復古「古來所有」的差異：

> 臺灣光復，已經過了一個月。……可是同時，只因為只是「臺灣古來所有的」，乃不論加減乘除，也乘時隨之出現，這點確須要我們的注意和考慮。
>
> 單是「臺灣古來所有的」就一切善美嗎？……賭博是「古來所有的」，但是要有保存它的必要嗎？偷盜也是「古來所有的」，但是要有光大它的必要嗎？只

民報

慶祝光復‧歡迎長官
學生萬餘遊行全市
燦爛旗浪布滿街巷

光復與「復古」
楊雲萍

國際憲章成立

陣頭繞巡市街

要對海外朋友通知家中情況麼

撤銷服務

台北之物價

慶祝台灣光復

七星公司

縱山信用組合

東海洋行

東海旅館

光華機械廠

嘉義自動車

劉燕組

‖ 楊雲萍〈光復與「復古」〉一文刊登於 1945 年 10 月 27 日的《民報》。

因為使用「古來所有的」湯頭和藥方，我們就可許容「密醫」的存在嗎？……

老實說，我們走着街頭遇着塞着道路的「賣物食仔」諸氏，在想責備他們阻碍交通之前，感着一種想要諒恕他們的感情。因為我們深深記憶着在日本統治時，他們是怎麼受到日本警吏的非道的迫害。然而一想到街上的秩序、公眾的衛生、交通的整備，則我們不得不棄掉小感情而用理智判斷他們的非法了。[95]

戰爭結束後，擔任三青團新竹分團部主任的黃旺成九月二十一日成立該分團部籌備處，二十四日便開始街道掃除與交通整理。成立不久的三青團將上述兩項事務視為他們的主要工作，顯示這兩項正是當時臺灣社會最急需解決的問題。

由此可見，臺灣正式「光復」前，街頭上便充斥著路邊攤及賭博的行為。攤販擅自占據路頭一角擺設攤位，阻礙人行與車馬交通。至於賭博行為雖然屬於日治時期在臺灣社會最常發生的犯罪，但在涉及非法的狀況下，臺灣人在公開場合賭博仍然有所顧忌。戰爭結束後，臺灣街頭便出現肆無忌憚賭博作樂的民眾。當然不能否認前述《臺灣新報》的報導對臺灣民眾的諷刺心態，隨著臺灣社會從九月中旬開始逐漸恢復「臺灣古來所有的」色彩，臺灣的街頭上也確實開始出現交通混雜、賭博等非法行為。

經由上述討論我們可以歸結論點如下：戰爭結束後的臺灣治安，整體而言大致保持在穩定的狀態，但若是觀察細部社會脈動，則不難看出日本的戰敗對於臺灣社會所帶來的重大衝擊。社會學者認為，臺灣社會治安從日治時期直至「政治真空時期」尚能保持平靜無波，但自從中國軍登陸臺灣之後，島上的治安開始迅速惡化。雖然嚴重的社會混亂確實是從長官公署開始施政、臺灣經濟崩潰後開始，而後導致二二八事件的發生；然而筆者認為，戰爭結束後，除了臺灣人對日本人的報復事件之外，尚有日本人、外國人犯罪的事例，甚至出現臺灣人內部的衝突對立。況且臺灣社會秩序混亂、不守法規的現象，並非「光復」之後才倏然湧現，這是中國軍官登陸臺灣前就已經顯示了失序的傾向。

註

76 《臺灣總督府官報》，號外，一九四五年八月十五日。

77 鄭梓著，〈國民政府對於「收復台灣」之設計——台灣接管計畫之草擬、爭議與定案〉，收入《東海大學歷史學報》，第九期，一九八八年七月，頁191-197。

78 國民政府正式接收臺灣遲至十月中旬以降，並非僅中國內部因素。美國中國戰區軍於一九四五年八月二十七日報告中就估計，美軍應需協助將中國軍從中國大陸運輸至臺灣，「十月十五日為適當占領臺灣的目標」。參見Headquarters, U.S. Forces, China Theater（以下譯稱「美國中國戰區軍」），“-Formosa- Latest Information of Port Facilities, Airfields, Industries, Railroads and Higways”（以下簡稱”Latest Information”）.(RG331, Box785-15, in The U.S. National Archives and Records Administration, 1945. 8. 27). p. 3

79 吳濁流，〈無花果〉，氏著《夜明け前の台湾——植民地からの告発》，頁150、《台灣連翹》（臺北市：草根，一九九五年），頁141、152。

80 蘇瑤崇著，〈「終戰」到「光復」期間臺灣政治與社會變化〉，收入《國史館學術集刊》，第十三期，二〇〇七年九月，頁62-82。

81 臺灣總督府警務局，〈大詔渙發後ニ於ケル島内治安状況竝警察措置（第一報）〉（一九四五年八月），收入蘇瑤崇主編，《最後的台灣總督府——一九四四—一九四六終戰資料集》（臺中市：晨星，二〇〇四年），頁136。

82 臺灣總督府警務局，〈大詔渙發後ニ於ケル島内治安状況竝警察措置（第一報）〉（一九四五年八月），收入蘇瑤崇主編，《最後的台灣總督府——一九四四—一九四六終戰資料集》，頁136。

83 臺灣總督府警務局，〈大詔渙發後ニ於ケル島内治安状況竝警察措置（第二報）〉（一九四五年八月），收入蘇瑤崇主編，《最後的台灣總督府——一九四四—一九四六終戰資料集》，頁149-150。

84 臺灣總督府警務局，〈大詔渙發後ニ於ケル島内治安状況竝警察措置（第二報）〉（一九四五年八月），收入蘇瑤崇主編，《最後的台灣總督府——一九四四—一九四六終戰資料集》，頁146-147。

85 臺灣總督府警務局，〈大詔渙發後ニ於ケル島　治安　況竝警察措置（第一報）〉（一九四五年八月），收入蘇瑤崇主編，《最後的台灣總督府——一九四四—一九四六終戰資料集》，頁126-128。

86 臺灣總督府警務局，〈大詔煥發後ニ於ケル島内治安狀況竝警察措置（第一報）〉（一九四五年八月），收入蘇瑤崇主編，《最後的台灣總督府——一九四四—一九四六終戰資料集》，頁126-128。
87 池田敏雄著，〈敗戰日記Ｉ〉，收入《台湾近現代史研究》，第四號，一九八二年十月，頁69。
88 台北第一師範𦒯校編，《同期生たちの8月15日》，頁41。
89 台北第一師範𦒯校編，《同期生たちの8月15日》，頁97。
90 阿部賢介訪談、記錄，〈T女士訪問記錄〉，二〇〇九年八月十二日。
91 何義麟著，《跨越國境線——近代台灣去殖民化之歷程》，頁242
92 《臺灣新報　本社版》，一九四五年九月二十二日，第二版。
93 池田敏雄著，〈敗戰日記Ｉ〉，頁69。
94 池田敏雄著，〈敗戰日記Ｉ〉，頁71。
95 楊雲萍著，〈光復與「復古」〉，《民報》，一九四五年十月二十七日，第一版。

戰爭結束後的經濟狀況

同如治安，臺灣民眾也十分關切島內的經濟狀況。經濟不但與治安密切相關，社會整體經濟體制，能否支撐人民順利度過日常生活的每一天，乃是所有人最切身的考量。經濟一旦出現危機，將可能導致社會動盪不安與從而激發民眾的不安心理，可謂牽一髮而動全身。深知箇中連動關係的臺灣總督府，也於戰爭結束後立即採取相關行動。

戰後臺灣經濟因臺灣總督府所採取的償還軍票等緊急措施奏效，大抵維持在較為安定的狀態[96]。然而從十月初以葛敬恩為主事的「前進指揮所」進駐臺灣開始「間接統治」，至十月二十五日長官公署直接統治之後，臺灣經濟急速惡化，物價暴漲，市場平衡機制也陷入混亂。戰爭結束後的八、九月，臺北市主要物價多呈現下降情形。然而在十月後，物價卻開始一路攀升。有些學者將其原因歸納為新政府在臺灣採取「殖民政策」及非計畫性經濟政策所導致。

戰爭結束前，臺灣的食糧供應相當窘迫，連首屈一指的大地主霧峰林家也陷入稻米不足的困境，如此食糧短缺的狀況一直持續到戰爭結束。然而戰爭一結束，情勢就倏忽逆轉，市場上出現豐富的物資與食糧。據葉榮鐘回憶：「說也奇怪，時間相差不過兩週間，戰爭中求之不得的豬肉，竟然源源而來，供應不缺，甚至雞鴨魚蝦，應有盡有了[97]。」日本詩人高田敏子當時也聽聞：「街景與平常不太一樣，在市場售出近來未看到大量的魚、米等[98]。」日人宮崎隆造也於九月二十的日記上寫道：「豐富的日常用品，原先不知道是隱藏在哪裡，竟如洪水一般在島內四處流通。前幾天還短缺的食品、純棉毛巾等買不到的東西，如今都被隨意地擺放著。」二十五日的日記則是記載：「（在臺南市）閒逛時，發覺怎麼會多出這麼多家飯館來。在飲食街上也有一些藥局、菸草店、雜貨店、甜辣都賣的店等等。這應該說是迅速打造出的「急造街」，還是驚人的飲食街的氾濫[99]。」其中緣由十分明顯，這些都是在戰爭結束前被隱匿、囤積的糧食與日本軍所有的物資，戰爭結束隨即釋出。換言之，在經濟管制、強制供應等戰爭體制崩潰之後，戰前所囤積的食糧與物資，在短時間內被釋放至市場。

但是當豐盛的物資得以大量流通於市場，人民的消費也隨之增加。不久後，社會又陷入米荒狀態。批評戰爭結束後民眾揮霍浪費的言論，亦可反映此時的經濟狀態。「政治經濟研究會」於十一月五日主辦「糧食問題討論會」，於《政經報》刊載討論會記錄，其中批評：

八．一五以後，一般民眾的消費狀態如何，試看！戰爭結束後，各地方的料理店和飲食店，都像雨後春筍一般，米粉和酒的製造是怎麼樣多！……在這種狀態之下，糧食事情，若不會緊迫化起來，這是不可思議的，是奇蹟的[100]。

八．一五以來，我們所消費，系（按：係）毫不節約的，在這二個月間所浪費的糧食，料可維持半年分的生活。

討論會上甚至有人提出禁止釀酒、限制製造米粉、餅類的議題。

基本上戰爭結束前，臺灣社會處於經濟管制的體制之下，主要糧食皆由農民組合等供應機關以公定價格收購，再由食糧營團（按：當時日本總督府設立的機關名稱）配給予人民。戰爭結束後糧食供應增加，這是因為戰前農民多少會囤積農作物，不肯全數交出。戰後的臺灣總督府一方面解除戰時體制之下的各種經濟管制規則，另一方面也持續公布更改原料、糧食、陶器、中藥、自行車及其零件、紙類等生活物資的公定價格。然而配給機關後來遭到農民的報復，影響食糧營團也無法正常運作，經濟管制及配給制度幾乎瓦解。刊載於《政經報》的〈光復後台灣的物價問題〉一文，論述戰時所採取的經濟政策、戰後物價變動的狀況以及理由與對策[101]。其中也提到物價上漲的人為原因，除了戰爭結束後的大量浪費，地方私設的自治團體過度限制物資流通，造成地方間的價格差異也是原因之一。

關於戰後通貨膨脹及物價暴漲的問題，牽涉到公營企業獨佔、軍事財政、超額發行貨幣與大陸貿易等因素。其中超額發行貨幣有可能是為了因應低效率的公營事業及軍事財政。在長官公署完成接收日產（按：「日產」是日文裡的固有名詞，可將之理解為「日方資產」）工作，開始經營公營事業之後，確實很有可能由上述因素引起惡性通貨膨脹，但是探討戰爭結束後的通貨膨脹問題時，也必須觀察長官公署來臺前的經濟狀況。

自一九三七年日中戰爭爆發後，臺灣銀行因應軍事支出之增加，不斷增發貨幣。戰爭後為了支出官吏薪資、退休金以及戰爭末期建造要塞等經費，必須從日本內地運載大量紙幣來臺，進而種下日後通貨膨脹的遠因。表1是臺灣銀行發行銀行券的統計，由此不難發現，臺灣銀行發行的貨幣量，自爆發日中戰爭以來，確實不斷增加。尤其一九四三年至四四年，短短的一年之間增加了六九％，一九四五年九、十月，又各激增了三〇％以上。雖然戰爭結束後的三個月及一九四六年一到三月的增加率也異常偏高，但是就銀行券發行的增加率而言，通貨膨脹的傾向在戰時就已經明顯可見。

此外，分析表2各銀行的存款與放款金額也不難發現，早在戰爭結束前，銀行

表1　台灣銀行發行銀行券金額（單位：台幣千元）

年月	最高	平均	最低	平均增減比
1937	114,942	83,569	67,189	
1938	142,948	110,853	94,484	32.65%
1939	173,986	143,069	124,008	29.06%
1940	205,404	175,016	156,806	22.33%
1941	255,696	199,472	179,842	13.97%
1942	293,165	247,290	228,462	23.97%
1943	416,018	317,201	272,272	28.27%
1944	796,080	536,238	401,424	69.06%
1945/1	845,818			6.25%
1945/2	920,979			8.89%
1945/3	1,021,008			10.86%
1945/4	1,112,237			8.94%
1945/5	1,207,064	1,156,493	1,114,635	8.53%
1945/6	1,313,753	1,251,076	1,208,701	8.18%
1945/7	1,401,828	1,360,614	1,313,753	8.76%
1945/8	1,651,738	1,500,026	1,402,640	10.25%
1945/9	2,285,014	2,027,904	1,669,222	35.19%
1945/10	2,897,873	2,661,889	2,255,701	31.26%
1945/11	2,908,246	2,813,010	2,635,336	5.68%
1945/12	2,561,396	2,293,520	2,200,627	-18.47%
1946/1	2,456,126	2,352,158	2,307,100	2.87%
1946/2	2,561,253	2,506,611	2,457,739	6.24%
1946/3	2,635,012	2,589,535	2,567,102	3.31%
1946/4	2,756,699	2,858,616	2,614,715	2.67%

（資料出處：大藏省管理局，〈附錄 終戰前後の台湾に関する資料〉。台湾銀行史編纂室編，《台湾銀行史》（東京：台湾銀行史編纂室，1961），頁823。1945年1月至4月因無法取得最低發行額，以最高發行額計算增減率。）

表 2　各銀行存款儲金及放款金額（單位：台幣千元）

	存款 (a)	放款 (b)	放出金額 (b-a)
1937	186,890	300,533	113,643
1938	249,168	307,066	57,898
1939	321,193	362,420	41,227
1940	361,877	457,649	95,772
1941	420,625	518,479	97,854
1942	522,425	612,275	89,850
1943	630,231	722,849	92,618
1944	924,250	913,270	-10,980
1945/7	1,066,004	1,103,281	37,277
1945/8	1,116,860	1,135,867	19,007
1945/9	1,232,290	1,373,984	141,694
1945/10	1,152,859	1,689,900	537,041
1945/11	1,901,565	1,794,378	-107,187
1945/12	2,485,485	1,826,732	-658,753
1946/1	2,557,355	2,173,039	-384,316
1946/2	2,796,475	2,448,393	-348,082
1946/3	2,964,798	2,639,904	-324,894
1946/4	3,203,934	2,961,020	-242,914

（資料出處：大藏省管理局，〈附錄　終戰前後の台湾に関する資料〉）

放出金額就開始出現偏高的趨勢。除了一九四四年之外，日治時期放出的金額均是正數，尤其是太平洋戰爭開始的一九四一年前後，放出金額將近一億圓。相反地，戰爭結束後的十一月開始，放出金額轉成負數。由此可知，在市場流通的貨幣量於戰爭結束前便逐漸增加，這樣的趨勢一直到戰爭結束後的十月才平息。

戰爭末期，臺灣銀行發行超量貨幣的原因與國民政府統治下發生的通貨膨脹情況十分類似。戰爭即將結束的時候，日軍判斷盟軍會登陸臺灣，臺灣軍為了將臺灣要塞化，需要大量的臨時軍事費，臺灣銀行不得不發行大量的銀行券。時任臺灣總督府財務局長根井洸於八月十六日部局長會議上報告：「臺灣銀行持有二億三千萬圓現金，目前印刷增加中[102]。」實際上，戰後臺灣總督府及其他官廳發放到隔年三月的薪水及退職慰勞金，有的民間企業則發給一年份的薪水。時任礦工局長的森田俊介回憶，為了防止紛爭與穩定人心，必須立刻處理臺灣總督府所有的未付款。第十方面軍為了償還所持債務，也要求追加二億圓資金，並在《臺灣新報》上刊載償還債券的公告。

身為日本銀行在臺北的代理機構，臺灣銀行為了在戰爭結束後繼續處理臨時軍事費等國庫支出，支出超額在八月十六日至八月三十一日為一億六千萬圓；九月一日至三十日為六億五千六百萬圓；十月一日至十五日為一億三千三百萬圓，總計高達九億四千九百萬圓[103]。

臺灣銀行為彌補貨幣缺乏，一九四五年三月戰爭結束前就開始和日本當局交涉，決定從日本內地運輸大量銀行券。直至戰爭結束，共計有十二億四千五百萬圓的銀行券從日本運輸至臺灣銀行[104]。戰後仍然繼續空運銀行券，分別為八月二十六日、九月八日、九日三日，總共空運三億九千七百五十萬圓，並且仍有四億二千五十萬圓在東京等待空運。後來因為無法取得聯合國許可，就留置在臺灣銀行東京支店，隨後全部銷毀[105]。

除此之外，臺灣銀行也在戰爭結束前就規劃自行印刷銀行券，八月上旬在金瓜石坑道內設置印刷工廠，並籌備油墨、紙張，加上臺北市內其他兩家工廠，到九月八日前已經印刷一億二百八十八萬二千六百圓。據說到九月底前，會再增印二億圓[106]。臺灣銀行甚至在《臺灣新報》上刊登徵人廣告，緊急招募印刷紙幣的石版工、平版工與斷裁工等印刷銀行券所需人力[107]。

關於增印銀行券的目的，有一說是為了防止通用日後日本當局可能需要償還的軍票，儘量以銀行券代替軍票，減少日本將來可能負擔的債務[108]。此種善後措施也是為了防止日本當局與臺灣債權者等之間發生紛爭，否則戰後臺灣社會也許會陷入更加失序的狀態。換言之，當非常體制還原成正常體制時，當局不得不付出代價維持岌岌可危的經濟運作。

上述增發貨幣的政策是否影響日後嚴重的通貨膨脹呢？

如前所述，戰爭結束後，國庫支出高達九億多圓。雖然臺灣銀行呼籲將支出金額儘量放入銀行存款，防止流入市場導致通貨膨脹，然而如表2所示，一九四五年八月至十月間，臺灣各銀行放出約七億圓金額，恰巧約略等於臺灣銀行在從日本運來和臺灣自行印刷的銀行券總額。換言之，戰爭結束後增發的金額由各個銀行流入市場。因此在八月至九月間受物資湧入市場的影響，一時出現物價下跌的情況後，十月起物價再度上揚。十月十日創刊的《民報》上，幾乎連日刊載臺北物價狀況，自十月十日至二十五日約兩週的物價變動如表3。

表3內共二十三項物資中，呈現上漲趨勢有十五項，未變動為四項，其餘四項則是下降的情況。整體物價上漲一一%。尤其在人民生活中不可或缺的白米價錢從一斤二．四圓上漲至三．三圓，上漲三八%。在僅僅兩週內，物價上漲一成以上，明顯是惡性通貨膨脹的跡象。長官公署接收臺灣後，致力回收浮動貨幣，遏止通貨膨脹。公署規定自一九四五年十一月八日起一律禁止流通一圓以上的日本銀行券及一千圓的臺灣銀行券，並限於十二月十日前以存款等的形式回收。至十二月十日前回收的一圓以上的日本銀行券有五千六百七十九萬零五百一十八圓，一千圓臺灣銀行券有六億九千三百八十三萬八千圓，共約七億五千萬。由此可見，為了因應戰後處理，日

本當局所增發而流入市場的浮動貨幣，之後透過長官公署的措施，以相同金額回收。換言之，就流通的貨幣量而言，雖然日本當局的增發貨幣引起短暫的通貨膨脹現象，然而日後長官公署施行回收措施，有效處理市場上的浮動貨幣，因此日本當局增發貨幣與日後嚴重的通貨膨脹並不存在直接的因果關係。

總結前述，戰後隱藏囤積的物資在短時間內釋出，導致物價頓時跌落，使得臺灣社會呈現貌似應有盡有的豐饒狀態，彷彿是一場狂歡。然而在生產、交通狀況尚未全盤恢復的狀態下，物資再度陷入匱乏，物價也開始飛漲。戰後臺灣經濟及金融狀況雖然在表面上維持穩定，但是日本當局為了善後，不得不花費大量資金，使得臺灣島內流通的貨幣數量激增。日後長官公署所採取的回收措施，則暫時遏制當時的通貨膨脹。

表 3　1945 年 10 月 15 日至 25 日台北之物價變動

	白米	白糖	生雞	鴨（生鴨）	雞蛋	鴨蛋	豬肉	生魚
單位	1 斤	1 斤	1 斤	1 斤	1 個	1 個	1 斤	1 斤
10 月 10 日	2.4	1.8	25.0	20.0	2.2	2.0	34.0	
10 月 11 日	2.4	1.5	16.0	18.0	2.2	2.0	32.0	30.0
10 月 12 日	2.4	1.5	25.0	18.0	2.2	1.2	32.0	30.0
10 月 13 日	2.2	1.2	23.0	18.0	2.2	2.0	30.0	25.0
10 月 17 日	2.5	1.6	23.0	18.0	2.2	2.0	33.0	28.0
10 月 18 日	2.5	1.6	23.0	18.0	2.2	2.0	33.0	28.0
10 月 19 日	2.5	1.6	23.0	18.0	2.2	2.0	33.0	25.0
10 月 22 日	2.7	1.6	23.0	18.0	2.2	2.0	33.0	25.0
10 月 23 日	3.0	1.8	25.0	20.0	2.5	2.3	36.0	25.0
10 月 25 日	3.3	1.8	27.0	22.0		2.5		
期間變動率	138%	100%	108%	110%	114%	125%	106%	83%

	牛肉	生蚵	花生	花生油	番薯粉	芋	米粉（乾）	米粉（淡）
單位	1 斤	1 斤	1 斤	1 斤	1 斤	1 斤	1 斤	1 斤
10 月 10 日	8.0		6.0	20.0	4.5	0.7	12.0	5.0
10 月 11 日	8.0	16.0	7.0	20.0	4.2	0.7	10.0	4.5
10 月 12 日	8.0	15.0	7.0	18.0	4.2	0.8	10.0	4.5
10 月 13 日	8.0	15.0	7.0	18.0	4.2	0.8	9.0	4.5
10 月 17 日	8.0	16.0	7.5	22.0	3.5	0.7	9.0	4.0
10 月 18 日	8.0	16.0	7.5	20.0	3.5	0.7	9.0	4.0

	牛肉	生蚵	花生	花生油	番薯粉	芋	米粉（乾）	米粉（淡）
單位	1斤	1斤	1斤	1斤	1斤	1斤	1斤	1斤
10月19日	8.0	16.0	7.5	20.0	3.5	0.7	8.0	4.0
10月22日	8.0	8.0	7.5	20.0	3.5	0.7	8.0	4.0
10月23日	9.0	8.0	7.5	20.0	3.5	0.7	9.0	4.0
10月25日	12.0	14.0	8.0	25.0		0.8	9.0	4.0

	麵	加白笋	豆菜	金蘭	金雞紅酒	米酒	黑潮香煙	平均
單位	1斤	1斤	1斤	1斤	1斤	1斤	1盒	
10月10日					8.0	6.0		
10月11日	6.0	2.5	3.0		8.0	6.0	1.6	
10月12日	6.0	3.0	3.0	11.0	8.0	6.0	1.6	
10月13日	6.0	3.0	3.0	11.0	8.0	6.0	1.8	
10月17日	6.0	3.0	1.5	11.0	8.0	6.0	2.0	
10月18日	6.0	2.5	1.5	11.0	8.0	6.0	2.0	
10月19日	6.0	2.0	1.5	11.0	8.0	6.0	2.0	
10月22日	6.0	2.0	1.5	11.0	8.0	6.0	2.0	
10月23日	6.0	2.0	1.5	11.0	8.0	6.0	2.2	
10月25日	3.5	3.0	15.0			7.0		
期間變動率	100%	140%	100%	136%	100%	117%	138%	111%

（出處：《民報》（1945年10月11日，第2版；12日，第1版；13日，第2版；14日，第1版；18日，第2版；19日，第2版；20日，第2版；22日，第2版；24日，第2版；26日，第2版）。10月13日、14日的物價皆記為「十月十三日」，但筆者認為13日的物價應為10月12日，因此表中將10月13日的物價記為10月12日）。

註

96 蘇瑤崇著，〈「終戰」到「光復」期間臺灣政治與社會變化〉，頁67。

97 葉榮鐘著，李南衡編，《台灣人物羣像》，頁280。

98 猪　直樹監修，福島鑄浪編輯，《目擊者が語る昭和史第八巻——8•15終戦》（東京都：新人物往来社，一九八九年），頁172。

99 宮崎隆造著，《敗戦外史——台湾引揚者の記録》（東京都：原書房，一九六七年），頁65、73。

100 〈糧食問題對策——政治經濟研究會第一次討論會記錄〉，《政經報》，第一卷第二期，一九四五年十一月，頁16、20。

101 懷青著，〈光復後台灣的物價問題〉，《政經報》，第一卷第四期，一九四五年十二月，頁7。

102 〈部局長會議筆錄〉，引自《齊藤茂文書》，無頁數。

103 台湾銀行史編纂室編，《台湾銀行史》（東京都：台灣銀行史編纂室，一九六四年），頁1153。

104 台湾銀行史編纂室編，《台湾銀行史》，頁824-826。

105 台湾銀行史編纂室編，《台湾銀行史》，頁827-830。

106 台湾銀行史編纂室編，《台湾銀行史》，頁827-828、830-831。

107 《臺灣新報　本社版》，一九四五年八月三十日，第一版、九月七日，第二版。

108 張翰中著，《戰後初期台灣貨幣改革之研究——從「台灣銀行券」到「台幣」的發行》（臺南市：國立成功大學歷史學研究所碩士論文，二〇〇八年），頁68。

戰後的日本當局

日本雖然戰敗，從而失去臺灣的統治權，然而日本人也無法立刻遷回本國。換言之，日本當局身為「戰敗國民」，仍然運用統治機構，渡過此段「尷尬」時期。臺灣總督府的警察機構雖然依舊存在，卻隨著時間逐漸失去影響力。那麼臺灣總督府及第十方面軍的動向，以及與臺灣人的互動關係又如何呢？

戰後的臺灣總督府除了警察權，依舊掌握臺灣人的任免命令權。深坑地區茶商張德明之子張福堂，在日治時期曾擔任深坑庄農會會長，一九四五年九月二十六日則奉臺灣總督府任命，成為臺北州文山郡深坑庄長。戰爭結束前擔任臺灣總督府民政官的黃介騫，也在九月二十二日奉外事部總務課的任命。其他臺籍下級官吏、醫生、學校教職員也在戰爭結束後繼續接受臺灣總督府委任各項職位。

此外，臺灣總督府也在戰後繼續舉辦資格考試。如九月初在《臺灣總督府官報》上，官方以「臺灣總督府醫師試驗委員長成田一郎」的名義公告舉行醫師資格考試。報名期限至九月二十五日，考試日期為十月一至三日。十月初又公告了無線通信士資格考試的合格名單，上面還出現臺灣人的名字。

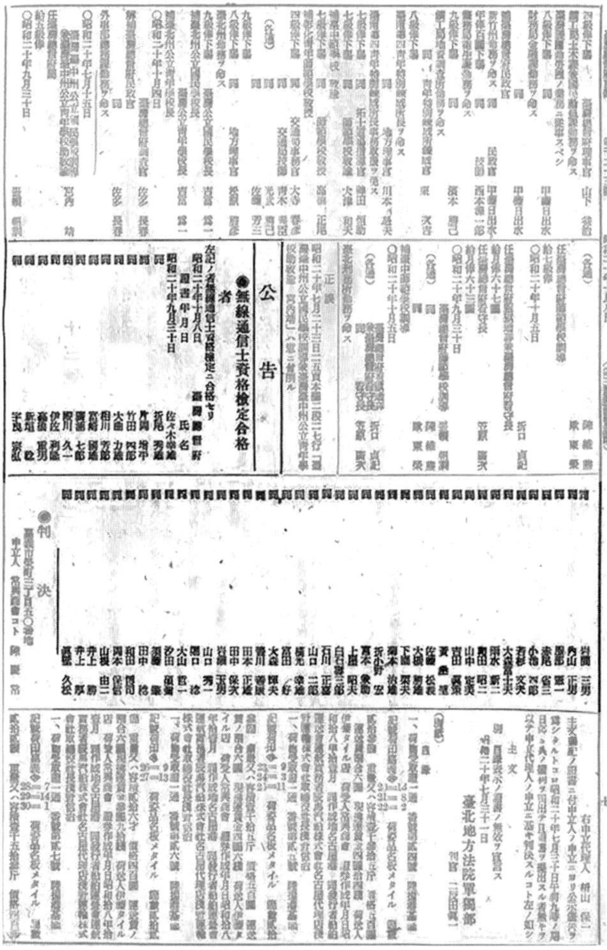

公告

無線通信士資格檢定合格者

左記ノ者無線通信士資格檢定ニ合格セリ

昭和二十年十月八日

臺灣總督府

氏名

‖ 戰後，有一段期間日本仍以總督府名義繼續在臺灣實施政務。《臺灣總督府官報》於 1945 年 10 月 8 日公告無線通信士資格考試合格名單，上面還出現臺灣人的名字。

臺灣總督府內部也同時進行組織體系的編整，將戰時體制組織還原為日常一般體制。九月十日依據訓令第九九號，將「防空課、防空施設課」改組為「警備課」。九月二十日依據訓令第一〇五號，將「兵事課」改組為「調查課」。十月三日依據訓令第一〇九號將「國民動員課」改組為「職業課」。為了因應社會不安的狀態，警務局及各州警察部新設警備課，各廳警務課新設警備係，各州廳則新設或增加隸屬於警備課的特別警備隊，以增強集團警備力。

為了安定臺灣金融秩序，臺灣總督府於一九四五年八月十五日發布了「戰局ノ急轉ニ伴フ金融措置ニ関スル件」（戰局急轉下的相關金融措施），接著八月十八日又發布了「戰局ノ急轉ニ伴フ島民生活ノ保持ニ関スル件」（戰局急轉下有關維持島民生活的相關措施），事先訂下原則，做好準備，以應付特殊狀況，試圖盡可能地抑制因提領銀行存款及物價飆漲而發生的社會混亂。由上述各項措施，得以窺見臺灣總督府於戰後仍然細密地掌控臺灣社會實況。

如同行政機關，司法機關也繼續辦理事務。在《臺灣總督府官報》上，可見臺北地方法院、臺南地方法院及高雄地方法院告示商用證券及股份處理等事由，申訴人也包括許多臺灣人。各地方法院的資料也顯示，戰後無論臺灣人或日本人仍然持續透過所屬各地方法院的公證人制度辦理金錢貸款、動產與不動產讓渡及出租契約以及判決索取租費等民事訴訟案件。像是霧峰林獻堂之弟林階堂於九月三十日在所屬臺中地方法院的日籍公證人佐藤遙之處，以其外甥林攀龍（即林獻堂長子）、林家帳房林坤山及另一位改姓名的臺灣人為證人，辦理遺言公證。

如第二章所言及，若出現牴觸治安維持法等的政治犯，或違反統制經濟規則等戰時體制下特有的囚犯，戰後臺灣總督府如何處理這批囚犯呢？

依據當時臺灣總督府法務部長村上達的報告，至八月十五日為止總共有三二〇〇至三三〇〇名囚犯（未決者約二〇〇名）。村上部長認為，無論臺灣最終歸屬為何，在正式接收前，日本法規仍然保有效力。就算是接收之後，為了維持治安，只要不衹觸接收國的法令，依舊能依據日本法令繼續審理。然而因臺灣的特別情勢而引發的犯罪，亦即思想犯（這是指在戰時就開始主張臺灣應歸還中華民國的罪犯，這些人衹觸治安維持法、國防保安法或軍事關係等相關法條），不僅因為拘留他們的目的已經消失，也因為中國進駐時想必會立刻將這些思想犯解放，於是各所監獄在九月十四日釋放約六十幾名違反治安維持法的囚犯，接著也釋放其他違反國防保安法等囚犯約一百四十至一百五十名。然而日本政府於一九四五年十月十七日發布大赦令時，前進指揮所已在臺北成立，因為未獲得前進指揮所的許可，日本的大赦令無法及於在臺囚犯。另外，第十方面軍法務部所拘留的臺籍逃亡兵也在戰爭結束的翌日釋放。

第十方面軍的動向也對臺灣人的心理產生影響。林獻堂在八月底的日記上寫進約二十萬日軍仍滯留臺灣，形成棘手的治安難題；吳新榮對在臺日軍的行動也不敢掉以輕心。

關於在臺日本軍的人數，據警備總司令部資料指出，當時日本陸軍人員為十六萬七千四百七十六人，海軍人員為五萬四千七百七十六人，共計二十二萬二千二百五十二人。原臺灣軍人的回憶錄《あ、台湾軍》則指出戰爭結束時臺灣軍勢力接近三十萬人，但是因為包括日本人在內的在臺應徵兵立刻復員，實際兵力減少到大約剩十五萬人[109]。另外一份資料則指出當時臺灣軍兵力為陸軍十二萬八千零八十人，海軍四萬六千七百一十三人。這個數據應該是在臺應徵兵復員後的數據。因此可以估計，戰後在臺日本軍勢力大約在十五萬十七萬人之間。

除了人數變動之外，第十方面軍中也實行部隊的重新整編。臺灣憲兵隊在後由第十方面軍正規部隊中選出少壯有為者擔任警備任務，企圖擴大組織規模。關於戰爭結束後增加憲兵隊隊員一事，陸軍憲兵中校酒井源之丞在美國情報員訊問時如此回答：

（一九四五年）九月二日日本投降後（指在南京舉行的中國戰區投降式），社會秩序完全崩潰，因而有將在臺灣的憲兵從戰爭結束時的一一〇〇名擴大到一七〇〇〇名之必要。……現在約有三六〇〇名憲兵在臺灣擔任治安維持及保護日本軍之任務[110]。

另外，諫山參謀長也於十月八日，與前進指揮所范誦堯副主任談話時表示：

自戰事結束後，一般人民對警察干涉管理，業有置諸不理者，……集中一處之移交軍火，已有被竊事項，故為增強治安效能起見，擬於各地增派憲兵，協同警察執行任務，現各地共有憲兵壹萬六千人，並配有武器[111]。

實際上，由各種回憶錄及日本軍遣送回日本後填寫的「史實調查參考資料報告」中，不難發現兵士於戰後調職到憲兵隊的例子。例如，所屬重砲兵聯隊第五中隊的池田岳彥，戰後調職為高雄憲兵隊，負責「鎮壓臺灣暴徒」[112]。

《史實調查參考資料報告》為戰爭結束後，由第一復員省（陸軍）及第二復員省（海軍）（一九四六年六月統一為復員廳）向日本軍進行的調查報告。調查項目除了姓名、職位、軍隊經歷、戰爭結束時的所在地、所屬部隊等基本資料之外，還包括所屬部隊的作戰經過，以及戰後概況。當時所屬步兵第三十五聯隊，駐紮於新竹的上田清彥中尉、小口亙少尉等人，在戰後概況欄中填寫「為臺灣治安警備，增援憲兵隊」，但是當臺灣憲兵隊在十二月一日解散時，他們也回到原隊。與上田、小口同部隊的谷安正中尉則填寫「因武裝憲兵殘置，調職為新竹地區憲兵隊」。同隊的菅野勇少尉戰爭結束後，也在憲兵隊從事通譯工作。駐紮新竹的步兵第七聯隊的少尉、中尉級士兵以「維持治安」的名義調職到憲兵隊。由此可見，戰後日本軍以「維持治安」之名義，將部分正規軍調職為憲兵隊的情形非常普遍[113]。

然而時任臺灣憲兵隊司令官上砂勝七在回憶錄中透露，當時之所以增加憲兵隊，是因為第十方面軍參謀副長宇垣松四郎在戰後曾返回東京向他說明未來日本正規軍雖然面臨強制解散，但憲兵隊的建置有可能被保留下來，因此日本內地目前正大幅增加憲兵隊員額，臺灣也需要增加兩萬至兩萬五千名。當時擔任第十方面軍司令部參謀的安藤正也透露這項擴大憲兵隊的計畫。宇垣副參謀長回臺灣後，於八月二十四日的部局長級會議上也主張這個計畫。但上砂司令官認為臺灣人溫順冷靜，又與日本人保持親密與合作關係，應該不必過度憂慮治安狀況，因而決定僅增補一萬員補助兵[114]。戰後在臺灣憲兵隊的大幅增補，儘管表面上的任務與實際執行內容相符（亦即協助維持臺灣地方治安），但幕後動機則為企圖避免日本軍隊被同盟軍解散。由此可見，在臺日本軍藉著維持治安的名義，試圖暗中達成在臺灣保留日本軍勢力的陰謀。只是人算不如天算，當時由宇垣參謀副長所帶回的消息並不正確，後來憲兵隊也跟正規軍一樣解散。

戰後在日本當局及第十方面軍的善後處理上，身為臺灣總督兼第十方面軍司令官的安藤利吉扮演關鍵角色。前述安藤利吉在戰爭結束當天立即公布「諭告」，呼籲各方切勿輕舉妄動。翌日又在司令部召開參謀長會議，貫徹「承詔必謹」的方針。會議上，文獻記載安藤「大將的態度既明白又強硬，排除諸論，確定『承詔必謹』按照敕命貫徹迎接皇軍最後之方針等[115]。」為了防止部隊暴動，貫徹「承詔必謹」，同時告知部隊維持作戰體制以備敵軍來襲，爾後隨著各個部隊接受戰敗事實，逐漸進行投降準備。

‖ 末代臺灣總督安藤利吉。

然而在八月十六日的部局長會議上，安藤利吉也表示了如下方針：

(1)（佔領軍）可能採取貫徹武士道精神的官兵所無法想像的報復手段，戰敗國的慘狀應視為不可避免；

(2)不能確信所有的事情都能按照聖旨付諸實行；

(3)必需採取和戰兩種體制，以求周備。

由於安藤利吉曾經在第一次世界大戰後擔任駐英武官，親眼觀察戰爭結束後的處理狀況及戰敗國之命運，當得知日本政府接受「波茨坦宣言」時，安藤向傳達消息的參謀說：「今後的困難比戰爭還艱苦。」因此戰後安藤利吉所採取的「和戰兩種體制」，一方面是為了緩衝戰敗的打擊，另一方面也是立基於過去經驗，對佔領軍的報復行為心存戒備。

相對於上述戰後處理的曖昧態度，安藤利吉面對臺灣獨立之動向卻採取明白且強硬的姿態。雖然難以斷言八月十五日發布的「諭告」中，嚴禁「輕舉妄動」等明文的用意就是為了阻止臺灣獨立而發，但在八月二十一日的部局長會議上，沼越警務局長一談到臺灣獨立運動，安藤利吉立刻明確表示必須鎮壓獨立運動，更以強硬的語氣說：「在讓渡主權前，絕對不許之[116]。」

其實八月十五日森田礦工局長拜訪安藤利吉商討召開部局長會議時，安藤向森田表示：「部局長會議上，我會傾聽所有人的意見，最後由我說明細節。」而實際上直到八月二十一日前的部局長會議，安藤利吉都在相關的部局長報告完畢後，僅僅如顧問般添加意見或提出一戰善後處理的事例。然而一旦觸碰到臺灣獨立運動等問題，安藤利吉就會立刻表露反對意見，且態度堅決。

為何安藤利吉針對臺灣獨立運動的態度如此強硬？從安藤這句「在讓渡主權前，絕對不許之」可以推測，對他來說，讓渡臺灣的主權前後，立場就可能有所不同。換言之，當臺灣尚在日本主權之下，絕不能容許臺灣獨立。安藤也許考慮到已經接受「波茨坦宣言」的日本政府，以及約六十萬在臺日人。假如日本容許或支持臺灣獨立，將違背已經接受追認「開羅宣言」的「波茨坦宣言」的日本政府意圖。另外，戰爭結束的當下，臺灣總督府有意與同盟軍交涉，希望日本人能留在臺灣。八月十七日部局長會議項目中，提到「儘量使在臺內地人居住於臺灣之事宜」。因此臺灣總督府的方針，將影響到可能留在臺灣的日本人生活。換言之，尚在日本主權下的臺灣如果獨立，很有可能造成日本政府與日本人民的困境。而安藤利吉對臺灣獨立運動的態度，對於後述的「八．一五獨立事件」也具有深遠的影響。

戰後日本雖然身為戰敗國，但在臺日本軍及各日本統治機關依舊掌控著臺灣社會。或許臺灣人在精神上、思維上已意識到日本不再是他們的統治者，但至少從史料中我們得以窺見日本當局仍有意暫時在臺灣保留其勢力或者維持統治機構，實際上他們也依舊對處於過渡期的臺灣社會及個人造成影響。尤其是第十方面軍不僅對臺灣人仍然發揮其存在感，本身也有意在臺灣存留日本勢力。臺灣總督兼第十方面軍司令的安藤利吉也基於保護日本政府及日本人民權利的立場，著手善後處理。因此戰後並沒有立刻出現如吳濁流所敘述的「完全成為真空狀態」，日本當局仍舊掌控臺灣社會，並且與臺灣人保持互動關係。換言之，戰爭結束並不代表日本統治結束，即使受到戰敗打擊，日本當局仍然正常運作，並著手戰後處理諸項事宜。

註

109 安藤正編，《あ、台湾軍——その想い出と記録》（東京都：台湾会，一九八三年），頁19。

110 SSU, "Report on Formosa", p. 26

111 臺灣省警備總司令部接收委員會編，〈臺灣省軍事接收總報告書〉，收入陳雲林總主編，《館藏民國臺灣檔案彙編》（北京市：九州，二〇〇七年），第五十六冊，頁11。

112 臺灣所在重砲兵連隊史編纂委員會，《臺灣所在重砲兵連隊史》（出版地不詳：出版者不詳，一九九九年），頁279。第一復員局編，〈臺灣方面關係部隊戰史資料第二卷（その二）〉，日本陸軍省史料檔案（檔號：沖台-台湾-39），頁417 425 426 428 447；〈臺灣方面關係部隊戰史資料第一卷（二分冊の一）〉，頁325、328、334。

113 第一復員局編，〈台灣方面關係部隊戰史資料第一卷（二分冊の一）〉，頁325、328、334。

114 〈部局長會議筆錄〉，引自《齊藤茂文書》，無頁數。上砂勝七著，《憲兵三十一年》（東京都：東京ライフ社，一九五五年），頁16-17。

115 安藤正編，《あ、台湾軍——その想い出と記録》，頁17。

116 〈部局長會議筆錄〉，引自《齊藤茂文書》，無頁數。

戰爭結束後的臺灣人動向

日本戰敗以後，統治的餘威依然存在，臺灣人是如何渡過此時期的呢？是順從日本當局的指令，或者試圖脫離殖民統治的桎梏，迎接「祖國」的來臨呢？換言之，戰爭結束邁向「光復」的這一段時期，整個島嶼是不是已經出現「去殖民化」、「去日本化」的共識，或者依舊安於現狀？這個問題多少也涉及到與二二八事件中關於族群對立的思考。當時臺灣人對當下及未來究竟抱持何種看法，是值得探究的熱點。本節也會深入分析「八・一五獨立事件」的背景和歷史涵義。

戰爭結束的喜悅——一九四五年八月十五日至九月中旬的臺灣人動向

前文已提到臺灣人透過各種管道獲知戰爭結束還有日本戰敗的消息。林獻堂於一九四五年八月十五日的日記就寫道：

天皇十五日十二時親自放送，謂世界平和即日本民族將來發戰之顧，受諾ポツダン（按：波茨坦）之宣言，爾臣民其克守朕意。嗚呼！五十年來以武力建致之江山，亦以武力失之也。

水來、五弟、攀龍、雲龍、培英共論此事，不意其若是之速也。

窪田博士第七次來換葯[117]。

對這段記載，有研究者將林氏的心情形容為「對日本投降有相當的感慨」[118]。至於他的感慨究竟代表什麼樣的心態呢？林氏隔天由於精神過度亢奮，直到深更半夜還是未能成眠，因而服用安眠藥；甚至又隔一天，晚間仍然無法入睡，只好再度服用安眠藥。這樣喜不自勝的心情在日記中展露無遺。

同時林氏也極為憂慮局勢驟變後的治安問題。日本投降翌日，林氏就前往臺中州廳與清水知事、石橋警察部長等商榷治安維持的事宜。一直到八月十八日，林氏仍然十分積極投入成立治安維持會的討論，並且在八月十九日與許丙、藍國城前往臺北，二十日向安藤總督提示的第一件要務也是維持治安穩定。凡此種種都可以看出對於策劃如何維持治安，林氏不僅高度重視，更不缺乏敏捷的行動力。

除此之外，林氏對處理社會秩序的事項始終抱持著小心翼翼的態度，思慮縝密周詳。在實際操作上，一方面積極支持地方人士組成的「自警團」等自衛團體，另一方面也嚴格避免讓不正遊民、破落戶等組織勢力危害地方安寧。因為這樣謹慎從事，當時林獻堂的身邊不曾發生失序案件，但他未雨綢繆的憂心，或許正是因其親眼目睹五十年前政權轉換時期的紛擾與混亂，因而敏感地對戰爭結束後的社會治安投注高度的關懷。

日治時期堪稱政治運動領導者前鋒的林氏，在戰後反而對政治運動採取較為慎重的態度。戰爭結束四天後，許丙、藍國城來訪，想要相約一同前往上海、南京拜訪國民政府要人。林氏卻向兩人說：「此時須慎重，不輕為之也[119]。」林、許、藍商議之後，決定先與安藤總督商量。因此三人立即前往臺北商會拜會安藤總督、諫山參謀長、成田總務長官等高官。同時林氏對當時由臺灣人自發成立的政治團體也是採取了十分消極、審慎觀望的態度。譬如八月二十三日看見楊貴、李喬松「解放委員會」的宣傳單，林獻堂就說：「勿輕舉妄動，所謂解放者，對何人而言也，舊政府已將放棄，新政府尚未來，而解放云云對誰而言也。此時惟有靜觀，切不可受人嗾使以騷亂社會秩序也。」[120] 九月三日，石煥長在上海提議組成在滬臺胞組織時，林氏又「以各派意見不同，欲組織頗不容易」作為對這件事的回應。九月十三日，他對組織同鄉會的人也說了「勿為私見而害大局」這樣的話。九月十八日郭國基、洪約白來訪，請林獻堂組織「臺灣國民黨」，林氏拒絕了這個提議。九月二十四日聽聞自臺北歸來的次子林猶龍提到林熊祥、黃純青、杜聰明企圖組織政黨，想要邀請林獻堂為黨魁，林氏便囑咐林猶龍必須斷然拒絕。九月二十七日王金海來訪，討論到臺灣的企業公司，林氏馬上就強調自己「出資可以，不願為理事也。」九月二十八日洪元煌來訪，請林氏就任臺中歡迎籌備會委員長，陳萬來也請林氏加入青果會社，林氏也是一概推辭。但是同一天日籍實業人士山田酉藏請求援助山田所經營的帝國纖維會社，林氏卻一反常態同意了，並且為他介紹諫山中將與重永少將以便籌措購置飛機的資金。林獻堂之所以採取如此保守的態度，可以從兩個層面進行分析。

第一是林獻堂的個人層面。他對時局的考慮非常慎重，政治上的舉措總會先取得當局的許可才會採取行動。無論面對舊政府的臺灣總督府或新政府的長官公署，他都同樣表現出保守的傾向。正因為如此，戰後他仍然與日本高層保持密切的聯繫，在長官公署正式接收前，絕不輕易從事任何政治運動，或組織政治團體。此外，他不但堅持自己的做法，同時也要求身邊的政治運動同志不要輕舉妄動，始終強調在如此不穩定的狀況中，必須採取的是謹慎、靜觀的態度。做為臺灣人的領導者，林獻堂率先致力示範「明哲保身」之道。

第二是當時臺灣知識分子與日本統治高層的關係。換言之，臺灣總督府的官員或在臺日軍戰後仍與臺灣知識分子保持密切互動，並留一定種程度的影響力。

前文說到戰爭末期的林獻堂被選為貴族院議員但卻從未出席。其實自從林氏在一九四五年四月就任貴族院議員後，一直到同年十月，貴族院曾召開兩次議會，即六月的第八十七回與九月的第八十八回。第八十七回議會召開時，許丙曾經試圖搭乘飛機赴東京出席會議，後來因飛安問題而途中折返。林獻堂則是在六月八日收到十日開院、十一日閉院的通知，當下就覺得即使航班正常，也趕不及在東京的會議，因而以生病為由推辭。

戰後的八月二十六日夜間，臺中州田中總務部長來電通知九月二日將召開議會，詢問林氏能否出席。翌日聽聞其事，即刻命令小舅楊天佑向州廳答覆不能出席。然而答覆的當天田中總務部長來訪，親自向林氏說明成田總務長官作為政府委員，許丙、簡朗山及另一名日籍議員都打算出席，以此再度請求出席議會，林氏這才說：「余感其誠意，許之。」不料隔日臺中州總務部來電告知，因為徵召不到飛機而取消上京。

此時的林獻堂已經知道開會多半是為了九月二日舉辦的停戰條約，並感慨：「臺灣已非日本領土矣，政府委員及貴族院議員同時消滅歟[122]。」這表明無論戰爭末期或戰爭結束，林獻堂都沒有對出席日本貴族院議會露出嫌惡之意。尤其日本戰敗以後，林氏依舊有意出席議會，實在令人匪夷所思。如果不是林獻堂與日本高層官員在戰後仍然保持密切關係，很難解釋這樣的情況。值得注意的是，林獻堂感嘆臺灣已經不是日本領土的時間，並不是在戰爭結束的當下，而是於戰後兩個星期。

筆者還可以再舉一件事例顯現林獻堂與日本高層官吏的關係。

為了表示歡迎陳儀長官以及參與九月九日在南京舉辦的中國戰區受降典禮，林獻堂自八月三十一日到九月十三日居留上海與南京兩週時間。九月六日他人在上海，從藍國城方面獲得消息，蔣介石將邀請林獻堂、羅萬俥、林呈祿、陳炘、蔡培火、蘇維梁等人參與南京受降典禮。因此九月八日林獻堂就偕同辜振甫飛往南京與諫山參謀長會見。人都已經到了南京，諫山參謀長居然告訴他們臺灣方面代表是自己，林獻堂等臺灣人並沒有參與受降典禮的必要，後來就沒有參加。日後林獻堂等與葛敬恩秘書長會面時，才知道他們還是中國方面正式邀請的貴賓。

由此可知，雖然林獻堂自藍國城處得知他們是中國最高領導者蔣介石親自邀請的貴賓，卻遭到日軍領導人阻止，他們當時不疑有他，事後也沒有採取任何指責諫山等日本當局的行動。要言之，戰後日本方面對臺灣知識分子的統治心態並沒有馬上改變，仍然施加某種程度的制約。黃旺成也在戰後採取慎重態度，他在八月十八日的日記上寫道：「對時局事以冷靜、不輕言為戒[123]。」

相對於林獻堂、黃旺成等人身處亂世之中步步為營、小心觀望，吳新榮則是以迎接新時代的心情，奔走組織新團體，渴望著新政府的消息。他在八月十五日的日記中寫道：

日本投降。

昨日，在公會堂為供出勞動者作身體檢查。今天上午到下營保甲事務所為瘧疾患者作採血檢驗。

從下營歸途中，遇到謝得宜君，告訴我說中午有重大事件廣播。回到佳里要開收音機，卻沒電。到晚上，鄭國津君愴惶而來，告訴我重大廣播的內容。洽中我先前告訴徐清吉、黃朝篇兩人的預言，連我自己都嚇了一跳。於是，和鄭君一起去找在疏開地的鄭國湞、謝得宜兩人談話[124]。

首先，戰後吳氏的日記出現極為明顯的變化——語言從日語變換為漢文。其實吳氏從一九二三年開始撰寫日記時使用的語言應為漢文，但是一九三八年元旦以後則是以日文書寫，並在四日的日記中明白揭示：

日本國的擴張即意味著日語的氾濫。亦我這小小的個人的城堡來說，要防備這種氾濫是不可能的。正如同我在生活中使用日語這件事實一樣，以日文來寫日記亦是極為自然的事。想一想，我打從一出生就已經是日本統治下的人，而前半生完全是接受日語的教育，此極為重大的事實，令我說的是日語，並以日文書寫。這又與英國讀書的留學生說英語，寫英文的意義是不同的。我寫日記是為了紀錄我的生活，所以想要了解我的生活的人，又以我個人最容易使用的語言來寫，這也是理所當然的[125]。

乍看之下，吳氏或許是受到當時正如火如荼展開的皇民化運動影響，「以『便利』為由說服自己，漸漸習於成為『日本人』[126]」。但細查前一日（即一月三日）的記錄：「初一開始以日文寫日記，甚覺不習慣，想一想約有十年左右沒有寫日文日記[127]。」顯然對他而言，書寫語言從漢文轉換為日文的過程並不容易。我們不能否認這其中確實有著皇民化運動的影響，使得十年來未以日文書寫日記的人，在如此短暫的時間內主動捨棄舊習。

戰後吳氏立刻回復以漢文書寫日記的習慣，並記下：「……跳下溪中洗落十年來的戰塵及五十年來的苦汗。起了岸，各人向海面大聲覺叫：自今日起吾人要開新生命啦！」[128]從這裡可以看出，以日文書寫日記不僅是吳氏的習慣，甚至在認同上也是「非自然」的行為，是一種必須流「苦汗」的苦行。於文化認同方面，吳氏並沒有徹底同化於日語文化，反而懷有更本質性的漢語文化認同，無論外在條件或環境如何試圖覆蓋、取代，一旦外在壓迫消失，只消一天的時間就可以回復到漢語文化。在政治認同方面，他則是尚未萌生對中華民國的國家認同。

除了吳新榮，在中國大陸的楊基振、楊英風也在八月十五日以後馬上由日語轉成漢文撰寫日記。至於不具漢文教育背景的詩人杜潘芳格，一直要到一九四五年九月二十三日才第一次用漢文書寫日記：

今日我等女性，十名，今後進方向會談為集合。

最初始會合，我等願望中華民國理想之女性。

修身、齊家、治國平天下，專問修身努力齊家邁進理想。必要實踐，論過不實無，內容充實，真劍當事，蒔種何時刈實，努力有已[129]。

據其日記，八月十五至九月二十三日之間，杜潘芳格尚未在補習班學習「北京語」，上述日記應該是她依樣畫葫蘆，盡力拼湊而成的漢文。杜潘芳格接著以日語寫：「是否會通？但想寫！以自己國家的語言！！非常，非常……[130]。」「光復」不久後創刊的雜誌《新新》，創刊辭雖用日文撰寫，但也吐露在使用語言上的困惑：「不得不以他國的語言閱讀文章及講話之悲哀。希望我們的雜誌完全以國文被撰寫、閱讀的一天能早日到來[131]。」顯然當時臺灣人面對使用的語言要從日語轉換成中文，背後蘊含著充滿脫離日本殖民統治的渴望與「祖國認同」的作用[132]。

既抱持著「祖國認同」的情意，自殖民統治解放回「祖國」的新時局，想必是充滿期許與抱負。吳氏在八月十九日趁著領取藥品的機會觀看臺南的情況。看到戰痕累累的古都，不禁感嘆：「總是過去三百年之一切，即清朝的遺風，日本的色彩，皆為此一戰完全清算去了。若由此廢都能發生新文化，此不是吾人之責任乎？」[133]由此可知，吳新榮很明顯地對新的時代抱持高度的期待，並且對建設新臺灣具有強烈的使命感。八月二十五日的日記寫道：「自八月十六日以來，每日都未明就醒起，雖有睡眠不足之感，但並無損害身體。而每至思於國事，難禁熱淚。」[134]九月三日又期許自己：「補修完房子之後，我即能再奔走國事。」[135]九月九日吳氏著手起草臺灣省二十一縣一特別市方案。可以看到吳氏不僅在日記中抒發對新時代的殷切盼望，更將這樣的濃厚關懷之情付諸行動，狂熱地為臺灣的未來奔走。

戰後林獻堂與吳新榮在行動上的相異，也許是因為時代背景、社會地位及日記性質不同而導致。就整體而言，林獻堂的日記多是事件的實錄，較少闡述作者內心的思想。吳新榮日記則較接近文學作品，比較能看見作者對社會環境的看法及他的心理活動。作為臺灣人整體的領導者，林獻堂採取非常保守的態度並跟日本官員保持密切聯繫。日本投降之後，日本官員對臺灣知識階層仍然保持某種程度的影響力。相對於林獻堂，吳新榮則是相當活躍地與親友討論國事，忙著組織三青團。

聽見「祖國」的腳步聲——一九四五年九月中旬後的臺灣人動向

隨著國民政府來臺接收的腳步日漸逼近，臺灣社會也呈現逐漸脫離日本控制的傾向。整體來說，臺灣人此時的思維舉措，大致可以歸結成兩個方向。一是開始積極吸收「祖國」的相關知識，藉以迎接並適應新時代的來臨；一是排斥日治時期與日本當局勾結的「御用紳士」，以各式手段壓抑、剝奪，避免這類人再度取得特權或保護。

戰爭結束一個月後的一九四五年九月中旬到十月二十五日（所謂的「光復」）期間，臺灣人究竟是如何渡過此「真空時期」的呢？

「真空時期」能以九月中旬為契分開前後兩階段，其原因在於九月中旬前後臺灣社會出現一項巨大的變化——傳出即將「光復」的風聲。據臺灣總督府警務局的報告指出：

（臺灣人）逐漸確信臺灣並不是被割讓（給中國），而是回歸（中國）的觀念。……恰好流傳（九月）十五日陳儀行政長官抵達本島之消息，首先於臺北地區以陳炘為主要發起人，隨後各地也紛紛成立國民政府歡迎籌備會，熱衷於製作及懸掛國旗、搭建歡迎門、舉辦歡迎會、音樂會、戲劇、舞獅、遊行等，四處瀰漫熱鬧喧騰的氣氛。尤其以本島人為主的大稻埕，以十五日前後為契，街景出現巨大轉變，戶戶懸掛著中國旗，到處貼著祝賀光復的海報，……人人穿著絢爛的衣服，表露著明朗的面容，鞭炮聲響徹夜喧鬧，完全呈現支那町的風貌[136]。

八月二十九日被任命為行政長官的陳儀，於九月九日從中國大陸以廣播方式向臺灣人發表施政方針。其後便迅速在街巷間流傳即將「光復」的風聲，街頭也出現放鞭炮的喧鬧。這在私人日記的記錄中也可以看到一些蛛絲馬跡。池田敏雄表示，九月初即聽聞接收委員將在十五日之後來臺，黃旺成也在同月二十一日的日記上特別寫上「時刻光復」四個大字，以為中國即將登陸臺灣。加上九月中旬適逢美國艦隊進入基隆港，讓同盟國的軍隊進入臺灣等於是再次證明了日本戰敗的事實。

我們可以揣測，因戰爭結束當下臺灣人無法把握將來的動向，加上日本統治當局仍然在臺灣發揮作用，因此不敢表露心跡。然而九月中旬前後，臺灣人漸漸察覺這塊土地連同上面的人民「即將正式回歸中國」，成為「四大強國」之一的「戰勝國」，這讓臺灣社會得以拋開對日本當局的顧慮，呈現熱烈歡迎「祖國」來臨的趨向。因此以九月中旬為分水嶺，顯示出臺灣社會已脫離日本統治，開始走向回歸「祖國」之路。

實際上，部分中國軍官人員在八月底到九月初就已經進入臺灣。福建省政府顧問黃澄淵與三名美國軍官一同在九月一日登陸基隆，協助美軍解放同盟國俘虜之餘，也試圖進一步觀察當時的臺灣社會。中國空軍也在九月十四日開始進駐臺灣各地機場，並在十月中旬散發「告全島同胞書」，宣示順利完成接收空軍的任務。

對臺灣人而言，最具有直接影響力的人物應該是臺籍的中國陸軍上校，以臺灣義勇隊副隊長的名義回臺的張士德。張氏與黃澄淵一同於九月初回臺後，立刻著手組織「三青團臺灣區團」。陳逸松接受張士德指揮，在臺灣各地組織分團部。其中擔任新竹分團部團長的黃旺成在九月十七日拜訪張士德，翌日出席三青團籌備幹事會之後就積極參與三青團的活動[137]。

吳新榮對中國官員的言動舉止保持十分敏感的態度，顯示他對「祖國」的關注，八月底就開始在日記上書寫有關中國官員來臺等消息。譬如八月二十三日記載：「又

中華民國三十四年十月十五日

民報

社論
吃飯的問題
第一要費心

麥元帥司令部
新創設八部門

我飛機飛翔全省
散告全島同胞書

接收日空軍順利完畢

中國之命運（六）
蔣中正

冷語

‖ 1945 年 10 月 15 日，《民報》報導空軍空投〈告全島同胞書〉。

自日前以來，時時聞說臺灣政府人員已定，曰陳儀為省主席，謝春木為副主席，臺南復為主都。軍司命（按：令）是蔡某（又云李某），總是流言未能全信[138]。」九月四日記載：「聯合軍自初二日已由基隆、高雄兩地上陸。我已有此預感，但因為無報導機關致使不知[139]。」九月五日也寫下：「新的消息也漸漸來了，聞臺灣省主席陳儀已來草山，副主席謝春木已到霧峰[140]。」雖然日記中的消息僅僅是流言，而且當我們對照史實會發現這幾乎都是不正確的情報。筆者在這裡特意引用這幾段日記的用意，正是由於坊間充斥著這類有關中國官員動態的傳聞，無論正確與否，這對社會上歡迎「祖國軍」的氛圍，總是有著不小的影響，也可以從另一個側面透露出吳新榮十分期待中國軍的來臨。他九月七日的日記寫下：「聞此十二日，中國軍要來進駐臺南。所以約朋友要去看這歷史的感激[141]。」都還沒見到中國軍，吳氏竟然已經有了感激之心，實在不難推測吳氏看待「祖國」的態度。同月八日他在寄給友人的書信中甚至寫到「祖國軍歡迎歌」：

旗風滿城飛　鼓聲響山村　我祖國軍來　你來何遲遲
五十年來暗天地　今日始見青天　今日始見白日
大眾歡聲高　民族氣概豪　我祖國軍來　你來何堂堂
五十年來為奴隸　今日始得自由　今日始得解放
自恃皇帝孫　又矜明朝節　我祖國軍來　你來何烈烈
五十年來破衣冠　今日始能拜祖　今日始能歸族[142]

回顧過去五十年「暗天地」、「為奴隸」、「破衣冠」的苦難，而今終於得以「見青天白日」，「得自由解放」、「能拜祖歸族」，以歌詞讚揚中華民國及中華民族的權威。由此可見，即使對中國軍甚至是中華民族的實質內涵根本就不熟悉，吳氏仍舊滿腔熱血引領盼望「祖國」接收後的新時代，必能揮去日本五十年殖民統治的陰影，臺灣人民將被解放而獲得自由。吳氏更將這般熱誠付諸行動，在九月二十一日聽聞友人蘇新接受張士德指令的提議後，協助組織臺南地區的分團，自此連日奔走，投身於組織三青團的相關事務中。

國民政府九月底公布「臺灣省行政長官公署組織條例」，並在重慶設立前進指揮所。所上的葛敬恩主任、范誦堯副主任等七十一名相關人員在十月五日抵達臺北，著手籌備接收事宜。其中有項重要工作就是在中國正式接收臺灣之前，主辦慶祝國慶節。接收工作尚未正式展開，早已在心中為臺灣「光復」倒數計時的臺灣人就在十月十日當天主動籌備活動，歡慶尚未來臺正式接收的「祖國」國慶。當天由林獻堂擔任主席團代表致詞：「臺灣過去（的）教育，實為極端之奴隸教（育）。自此以後，（我臺灣）省民需自覺是中華民國國民之一分子，努力吸收祖國文化，至不為落後」[143]，並提出臨時動議致電蔣委員長表示崇敬。

即使臺灣社會瀰漫著歡喜「光復」的氣氛，林獻堂在他個人活動的範圍內仍然對政治活動抱持十分慎重保守之態度。十月一日，學生前來邀請他擔任學生聯盟顧問，林氏就說：「此後凡所有之團體皆不欲加入。」[144]在臺北舉辦雙十節當天，黃純青、林熊徵、林呈祿前來邀請林獻堂加入他們的同志會，林氏因為無法拒絕只好勸他們先請託張邦傑與葛敬恩秘書長商議之後方能決定。此外，林獻堂堅持拒絕就任彰化銀行的理事，並主張必須等待陳儀長官的接收。林氏也頻繁地拜會日方高級官員、軍人或接受他們的來訪（唯一拒絕的是，戰爭結束前監視林獻堂的特務警察清水林太郎的來訪），或在無法推辭的狀況下，無奈地就任以保護日本人為目的的「臺中援護會」會長。

除了歡迎「祖國」、吸取「祖國」的知識，部分知識分子認為此刻的當務之急便是啟蒙僅受日本教育的青少年或排除媚日分子。刊載在《先鋒》雜誌上的〈我們新的任務開始了〉一文中提出：

我們多少可以幫助我們政府去推進國民教育，去洗清了他們浸在血液裡的毒！我們最難對付的，應是那班受着了普通中等學校教育的又在社會上混過的人，他們是俱備了最毒最深的頑固日本精神……。至於那些小（按：少）數的搖頭擺尾的小丑走狗，當着日本高壓的政策下，他們捧着他們主人的屁股，為着了私利私榮不惜昧了良心去殘害毒殺我們同胞。當這時他們搖身一變，掛起了羊頭在賣狗肉，他們是把愛國當着一種投機的事業。我們應當去掃清，去驅逐，去暴露他們的陰謀[145]。

戰後擔任《民報》主筆的黃旺成，自十月十日創刊到二十五日迎接「光復日」這期間刊載十一則〈冷語〉。〈冷語〉原本是黃旺成在《臺灣新民報》批評時局時所使用的專欄標題，這個標題在《民報》上延續使用有著繼承「民報精神」的意味，顯示該報社監督時局的立場。第二則〈冷語〉便開始逼迫「御用紳士」，用文字促使他們自我反省：

市論囂囂，在攻擊漢奸及御用紳士，可說是民權伸張，民氣振作的新現象。在戰爭中出過大風頭的所謂有力者，民眾多數認定你做漢奸，是不會大錯的。

罪狀輕一點的，叫你御用紳士，算是寬恕極了的民眾判決，如再強辯，須先給打四十大板。

天視自我民視，天自听我民听，民眾的聲，就是天的聲，請你們早些服從「民判」吧。

你們若再巧弄如簧之舌厚顏無恥，效百鬼夜行於青天白日之下，須要明白眾怒是難犯的啊[146]。

黃旺成也針對曾經改姓名或獲得日籍的臺灣人加以嚴厲批評，認為這種人已不是臺灣人：

> 改姓名，講日語，是皇民化運動猛烈進行當時的二大口號。……為飯碗問題，或教育上起見，改姓名，不敢講臺灣語者，情有可原，儘可寬諒。有為保持自己的地位，挺身出作打滅民族精神的急先鋒，請入「敗類」之班少坐！「大丈夫行不改名，坐不改姓。」是梁山泊式的豪快語。……
>
> 有一種恥作臺灣人，營謀做日人的養子，既獲得日籍，已經不是臺灣人了。不知道這種人，有決心要和日人一塊兒歸國去的準備沒有？[147]

甚至，黃旺成認為斥責「漢奸」是勸善懲惡，為此大感痛快：

臺北市內大橋頭，貼著斬奸狀的告示。羅列奸犯八名，說是戰時不當利得者。……拜見其所舉該斬人犯，令人不無網漏吞舟之魚的感慨！……速而足以使奸邪之輩心寒膽裂，也可說是快人快事。……我們此後要雙管齊下，一方面貶惡，一方面揚善，庶不失其X。

除了〈冷語〉之外，十月十五日起設置的〈檢察衙門〉專欄，募集讀者投稿，目的是：「凡對務須告發查辦的漢奸等，請詳錄其罪狀及證據，以便筆誅。」此後〈檢察衙門〉刊載讀者批評獨立運動（見本書後續的討論）、投訴轉賣公有物品等行為。與黃旺成看待「御用紳士」有著相近態度的吳新榮也在日記中表述對「御用紳士」等的排斥。十月六日的日記就記載了：

自三民主義青年團的組織運動以來，郡下有種種的御用紳士、腐敗分子，表現反對態度或是對立意識。其最惡質者錄於左記，以為後日的鬥爭目標：

高錦德、高文瑞、張王、郭秋煌、黃五湖、陳哮。

以上全是小人欲立風頭之輩[148]。

日記所列舉的鬥爭目標人物日後被選為三青團的區隊長，吳氏對此表露了不屑的態度。池田敏雄也早在九月九日聽聞臺灣人之間存在陳逸松派、舊御用派、新御用派等派系。戰爭結束不久，所謂「祖國派」的領導階層馬上針對「御用紳士」等日本當局的協力者展開激烈批評。換言之，在臺灣正式歸還中國之前，臺灣人內部便已出現對立狀態。

戰後臺灣人確實渴望儘快吸收「祖國」的一切。日後對國民政府展開嚴厲批評的George H. Kerr也表示八月十五日到在臺日軍正式投降期間，臺灣人的表現能以參與自由(anticipation of freedom)與回歸中國的熱情形容。這一點從風靡一時的「國語熱」

不難窺見其端倪。一九四五年十二月之前，光是臺北市就已經出現二百多處自動組織的北京話講習所。開業律師吳鴻麒也也在同年八月底開始溫習「官話」及古典讀物，並在九月中旬開始在國民學校熱情地講授「官話」。黃旺成八月底開始向兒子及友人教授《三字經》及注音字母等。《臺灣新報》也刊登出售中華民國國旗「青天白日旗」的廣告。但重要的是，臺灣離開中國已經半世紀，且中華民國成立之時，臺灣不在管轄版圖中，實際上時間的流變與空間的分隔已經造成兩者之間的疏遠與陌生。

眾所周知，當時臺灣民眾為歡迎「祖國」而製作的歡迎門上，青天白日旗被反置貼掛。相同狀況也發生在知識分子共聚的場合，以留日分子為主所組織的「新生臺灣建設研究會」舉辦成立大會時，舞臺上的青天白日旗也被反掛。

然而臺灣人對中華民國的陌生不僅如此，國民政府尚未來臺之前，除了曾經前往中國的少數知識分子之外，當時臺灣人並未體驗實際「祖國經驗」，對中國的政治、經濟、文化及社會狀態缺乏足夠的認識。這一點連早有「回歸」之心的吳新榮也不例

‖ 1945 年 10 月 10 日前後出現於太平町一丁目（大稻埕地區）的青天白日旗，圖中可見青天白日旗左右倒置。引自／維基百科

外。九月十一日吳氏從在臺北的蘇新手中收到「中華民國國歌」時，卻自己認定蘇新誤將「中國國民黨黨歌」當成「中華民國國歌」。

「國歌」在臺灣登場，有一段十分耐人尋味的過程。據陳逸松回憶，八月下旬，他跟包括後來以聲樂揚名的呂泉生在內的朋友們聚會，突然有人問起：「中國國歌怎麼唱？有誰會唱？」陳逸松曾將中華民國國歌唱片與《孫中山全集》自上海偷偷挾帶回臺灣，當場拿出唱片播放。呂泉生聽寫記下音符與歌詞後，親自哼唱給在座朋友聆聽。呂氏還以鋼板、鋼筆、蠟紙刻印國歌廣發給民眾，還到街頭巷尾教唱。

然而此段記錄卻與呂泉生本人回憶故事版本截然不同。戰爭結束當時，呂氏在臺北放送局負責音樂方面的工作。放送局除了他是臺灣人，其餘都是日本人。因此戰後放送局局長富田嘉明特別請呂氏在國民政府接收臺灣前負責看管放送局，處理所有移交事宜。當時呂泉生認為電臺應有義務教導民眾習唱中華民國國歌，便四處打聽國歌的教材資料：

問了大半天，竟然沒人知道國歌到底怎麼唱，最後他聽說律師朋友陳逸松手上有一本大陸出版的中學音樂課本，所以特地借回來看。一翻開，只見第一首就是「中國國民黨黨歌」，但卻沒有國歌[149]。

為求確實，呂氏親自走訪梅屋敷（現為國父史蹟館），為當時先遣來臺的國民政府官員駐紮場所，請教裡面官員：

誰知道他的問題竟問倒一堆官員，在場的人，沒一個答得上來，中華民國的國歌怎麼唱？這結果大出呂泉生意料之外，因為在日本，國歌〈君が代〉是人人會唱的歌曲，沒想到中國來的官員，竟沒人會唱自己的國歌[150]。

幸好在九月初隨著來臺中國官員隊伍返臺的臺灣人，時任國軍上校的張士德向呂氏以臺語解釋說：

「在大陸，我們只聽過『黨歌』，沒聽過『國歌』，開會時大家都唱『黨歌』。」聽到這樣的答案，才算初步化解呂泉生的疑惑，明白原來在中國，「黨歌」就是「國歌」[151]。

之後，尚無法唱出「國歌」的呂氏，還需借助當時於臺北士林教學「北京語」的團體——協志會成員——的協力，才能順利解讀「黨歌」歌詞，並且先由協志會的成員一字一句帶領大家朗誦歌詞，再由呂氏指導樂譜、旋律，將整套教唱的過程錄成唱片，從九月十五日開始就用這張唱片教唱國歌。

這一段呂泉生認識「國歌」的過程與陳逸松的回憶頗有出入。呂泉生的回憶應該更為可靠，不僅因為這是本人回憶，加上當時呂泉生應該沒有像《陳逸松回憶錄》所敘述的那樣，一聽便能抄錄「國歌」歌詞的中文能力。呂氏僅在公學校入學前隨著祖母學習教會羅馬字，更何況呂氏自己也表示戰爭結束時本身並不諳中文。

葉榮鐘也回憶，戰後成立的「歡迎國民政府籌備會」除了策劃歡迎國民政府的各項工作，還「定製標準的國旗照成本分讓與市民，指導民眾練習國歌：起先練習〈卿雲歌〉，後來又改唱現在的國歌[152]。」楊基銓則向戰從中國大陸返臺的蘇紹文直接學習「三民主義的國歌」[153]。甚至有位戰後立刻學習中文的學生，先抄下廟前公布的「國歌」歌詞再用臺語教唱。

其實中華民國成立後，「國歌」有多次轉變，第一首〈卿雲歌〉（一九一三年制定）、第二首〈中國雄立宇宙間〉（一九一五年）、第三首為廣州軍政府的國歌（一九一六年）、第四首〈卿雲歌〉（一九二一年）、第五首為現行國歌（一九三七年）。〈卿雲歌〉曾經兩度被選為中華民國國歌，但是政府並未積極推廣，也不受一般國民歡迎。對當時的臺灣人而言，想不到「祖國」的國歌有過如此複雜的變遷，更不要說

「黨歌」最後竟能成為「國歌」。如此一波三折的確立過程與同為黨歌的「國歌」，看在日治時期對日本國歌倒背如流的臺灣人眼中，實在稀奇。[154]）

當臺灣人終於親眼盼到「祖國軍」登岸，竟也需要絞盡腦汁解釋，才能符合他們心中的「祖國」。臺灣人翹首期盼的「祖國軍」較原定日期晚兩天，十月十七日於基隆上岸，翌日進入臺北，沿途受到臺灣人民的熱烈歡迎。當時第七十軍的裝備著實寒酸，兵士都背著雨傘，挑著鍋子、食器、寢具等，讓歡迎的群眾有點傻眼。臺灣人已經看慣威風凜凜的日本軍，身上的裝備時常保持金光閃閃，面對如此破爛不堪的「祖國軍」簡直目瞪口呆，難以置信。他們只能以「祖國認同」壓抑親眼所見，進一步編織出「祖國軍」的臆想神話。前述雜誌《新新》創刊號的第一篇文章就是以日語撰寫的〈於臺北站前迎接國軍〉（國軍を台北驛頭に迎ふ），文中描述挑著鍋子、食器的中國軍隊如下：

‖ 1945 年 10 月 17 日，國軍第 70 軍官兵搭乘美軍戰車登陸艦抵達臺灣。引自／美國國家檔案館

我們發現戰鬥部隊，一定會有補給部隊跟隨其後。有戰鬥部隊就有補給部隊，有補給部隊就有戰鬥部隊。以一個小隊為單位的細胞組織。自給自足的組織。就算其中一隊被殲滅，也不會影響到整個部隊。……在站前已經準備好貨車迎接他們，但是他們不搭乘貨車，而用扁擔自己挑著所有物資。看不慣的人也許覺得奇怪。但仔細看看，他們挑的物品個個編有號碼，有規格，充滿著組織性。……不依賴機械，而是人的機械化部隊[155]。

作者行文顯然已經發現臺灣人民看到中國軍挑著鍋子、食器等廚具而感到驚訝，將他們解釋為「補給部隊」，所以才會表現出「組織性軍隊」的樣子。然而這批「補給部隊」自備伙食工具，卻沒有準備食糧，實在說不過去。其實早在十月五日前進指揮所成立之前，警備總司令部就向日本軍傳達「中國戰區臺灣省警備總司令部備忘錄臺軍字第二號」命令：「為求本總司令之部隊到達臺灣初期給養無缺起見，希於十月十二日以前在臺北準備大米三十萬公斤、淡水十萬公斤、臺南十萬公斤、高雄十萬公斤、臺東及花蓮各五萬公斤、馬公二萬公斤[156]。」十分諷刺的是，臺灣人居然還得供應糧食給這批所謂的「補給部隊」，應該是當初為中國軍形象找藉口開脫時所始料未及的吧。

葉榮鐘的岳伯如同其他臺灣人，相當企望「祖國軍」來臨。他回憶：

十七日那天自然也是夾道歡呼的民眾之一。他的外孫們交口奚落國軍，不意被他聽到，於是大發雷霆。……國軍紮綁腿方式和日本軍人不同，臨到足踝反而臃腫起來，這也是使台人看不慣的。但他老人家竟有奇想天外的解釋，他們個個都是行家，據說技擊家練武功，平時用鉛版紮在足踝，逐漸加重，這樣訓練有素，一旦將鉛版解下則其行如飛，國軍綳腿下部隆起部分，一定是包著鉛版的[157]。

尤有甚者，更浮誇地稱讚中國軍人身手矯健，全面歌頌中國：

你們不要只看到他們的外表，聽說中國士兵個個矯健如虎，一躍就能跳過七、八張桌子，一個就能打倒三、四個日本兵呢；蔣介石是很有仁慈心的領袖，為了不忍心多殺日本人才會打那麼多年……尤其是中國女人個個都是全世界最美艷、最高雅的女性，所以英美的大官巨商都被迷倒，才會心甘情願地來幫忙打倒日本……中國地大物博、聖賢輩出，絕不像日本島國那麼野蠻……[158]。

從這一大段的誇耀文字和毫不掩飾的讚嘆語氣不難發現，過度的「祖國認同」使部分臺灣人失去理性思考的能力，像是情人眼裡的西施，就算中國軍裝備簡陋，肩挑非軍備的生活用品，散亂無紀地行走在民眾的歡迎列隊之間，沉浸在歡心期盼氛圍的臺灣人，也願意發揮想像力，找尋各種藉口為「祖國軍」辯護。

就連曾經遠赴中國的吳濁流、陳逸松也不例外。吳氏在長官公署（原臺北市役所，現址為行政院）觀看中國軍隊列之時，曾有過如下感慨：

我盡量站高身子去看，但那些軍人都背著雨傘，使我產生奇異的感覺。其中也有挑著鍋子、食器以及被褥的。感到非常的奇怪，這就是陳（按：陳孔達）軍長所屬的陸軍第七十軍嗎？我壓抑著自己強烈的感情，自我解釋說：就是外表不好看，但八年間勇敢地和日本軍作戰的就是這些人哩。實在太勇敢了！當我想到這點以安慰自己的時候，有一種滿足感湧了上來。然而，這只不過是自我陶醉的想法而已[159]。

陳氏也在當時臺北大稻埕一家著名的臺菜餐廳「山水亭」樓上，與幾十個人俯看中國陸軍第七十軍列隊前進。看到中國軍穿棉襖、著草鞋、背大鍋、帶雨傘的樣貌，在場人士無不張口結舌，難以置信眼前所見之場景。山水亭主人王井泉與陳逸松便向大家解釋，認為國軍穿著如此輕便定是為了展開游擊戰：

> 游擊戰就是穿著草鞋、挑著放有鍋子、鏟子的米籮……神出鬼沒，日本人防不勝防……正因為採取游擊戰，所以中國才會大勝呀！光看日本軍隊穿得漂亮，那是沒有用的，他們還不是打敗戰。我們大家要堅定信心，我們不再是殖民地的被統治者，我們是國家的主人翁啦！

吳濁流不惜自我壓抑，硬是說服自己擁護「祖國軍」，這種心態正如陳翠蓮所說的「同情的理解」[160]。換言之，吳氏無論是在日本統治下或戰爭結束後，身處中國大陸或臺灣島內，親眼目睹或自我感覺都進一步地扭曲為符合「祖國認同」的理解與期待。同樣的，陳逸松也曾過份誇示「祖國」，顯示他對「祖國」的肯定並寄予深厚的期望。由此可見，戰後諸多臺灣知識分子紛紛燃起心中「祖國熱」的火苗，渴望國民政府早日來臺。然而實際上此時的臺灣人對中國其實一無所知，正如日後葉榮鐘回顧所言：「祖國只是觀念的產物，而沒有經驗的實感」[161]，在臺灣人實際接觸中國之前，理念的「祖國」先行於現實的「中國」。

前述戰後OSS調查了臺灣的情勢，並與林獻堂、許丙、羅萬俥、林茂生、廖文毅、陳炘、陳炳煌、張式穀等臺灣領導階層約談，詢問他們對中國的態度。其中林獻堂表示：

> 臺灣人願意與中國政府合作，並希望在臺灣出現嶄新的自由與民主。對大部分的臺灣人而言，最能接受（按：most acceptable）的是中國，因為中國是我們的祖國，我們擁有共同民族、語言及文化之連帶[162]。

羅萬俥、林茂生和廖文毅則一同與美國情報員約談後表示：

臺灣人希望成為中國的一部分（按：a part of China）……。因為臺灣過小，在國際事務上無法出聲，因此最好的方法是使臺灣成為中國的一省……。臺灣人只會與中國衷心合作，就算美國或其他國家取得這個島（按：臺灣）的領導權，也不會獲得熱誠歡迎[163]。

陳炘與陳炳煌也強調：

我們不希望再被別的民族（按：another race）統治，臺灣人認為自己是中國人，並從政治的角度來看，希望繼續與中國攜帶（按：allied to China）……。對中國祖國觀念及語言、文化、民族（按：race）上的相同性，使得全臺灣人較想再成為中國的一部分（按：a part of China），而不是獨立的島（按：an independent island）[164]

新竹的張式穀、臺南的陳鴻鳴等人也都表現出回歸中國的歡喜，十分期待做為中國一部分的臺灣能在此後邁向新建設的道路。

上述約談的時間大約落在一九四五年十一月至十二月，也就是臺灣被中國接收後經過一到二個月的時間。由此可知，臺灣領導階層對中國抱持著「祖國觀念」至少持續到一九四五年底。值得一提的是，美國政府透過這份報告認為臺灣人都希望臺灣成為中國的一部分，不存在要求臺灣獨立或需要美國保護的聲音。與上述臺灣領導階層約談的結論是：「臺灣人因為民族（按：race）、文化、宗教等的連帶，只希望與中國攜帶。反對與美國、英國等其他同盟國具有聯繫（按：oppose any connection），因為與這些國家沒有任何共同性[165]。」美國透過這份 SSU 的報告所歸結出的認知，也許正是戰爭結束初期美國不積極干涉臺灣問題的原因之一。

在日本當局依舊掌控臺灣社會的狀況下，臺灣人各自憑藉著自身思想及信念為臺灣的未來奔走。如林獻堂以敏銳謹慎、小心翼翼的態度，致力維持治安，保持與日本當局之聯繫。吳新榮則精力充沛地籌備建設新臺灣的工作，並積極吸收「祖國」知識以迎接新時代的到來。另一方面，在中國正式依法檢肅漢奸之前，臺灣人主動攻擊「御用紳士」等幫媚日分子，不讓他們參與新臺灣的建設。尤其在九月中旬，街巷出現即將「光復」的風聲後，臺灣人脫離日本統治，邁向迎接新時代的氛圍變得更加明顯。換言之，就一般臺灣人的認知而言，日治時期的完結與戰後時期的開始，時間分界也許正是九月中旬。

然而，對當時的臺灣人而言，若要正確且客觀地認識中國現況，實在是非常困難。一方面，先天地理位置的分隔與其後約莫半個世紀的政治隔離，加上日本殖民統治教育中多宣傳中國的落後，臺灣與中國間產生莫大隔閡。另一方面，臺灣人基於對中國「祖國認同」的情感期待，面對中國的負面形象，往往不是直接忽略，就是為它辯解，使得臺灣人誇大中國的力量，無法正確地認識中國。也許正是臺灣人如此的「祖國認同」，讓美國情報機關認為於臺灣人當中，不存在獨立的意圖，更沒有被美國等同盟國領導的期盼。

那麼戰爭結束後，維持治安，迎接「祖國」，難道是臺灣人「終戰處理」的唯一選項嗎？本書最後試圖探討另外的可能性。

註

117 林獻堂著，許雪姬編註，《灌園先生日記（十七）一九四五年》，頁245。
118 許雪姬，〈台灣史上一九四五年八月十五日前後——日記如是說「終戰」〉，頁166。
119 林獻堂著，許雪姬編註，《灌園先生日記（十七）一九四五年》，頁251。
120 林獻堂著，許雪姬編註，《灌園先生日記（十七）一九四五年》，頁253。
121 林獻堂著，許雪姬編註，《灌園先生日記（十七）一九四五年》，頁267、289、296-297、306、308、309。
122 林獻堂著，許雪姬編註，《灌園先生日記（十七）一九四五年》，頁258。
123 黃成旺著，《黃旺成先生日記》，一九四五年八月十七日。
124 吳新榮著，張良澤主編，《吳新榮日記全集八（一九四五—四七）》，頁171。
125 吳新榮著，張良澤主編，《吳新榮日記全集二（一九三八）》，頁181-182。
126 陳翠蓮著，《台灣人的抵抗與認同（一九二〇～一九五〇）》，頁252。
127 吳新榮著，張良澤主編，《吳新榮日記全集二（一九三八）》，頁181。
128 吳新榮著，張良澤主編，《吳新榮日記全集八（一九四五—四七）》，頁174。
129 杜潘芳格著，下村作次郎編，《フォルモサ少女の日記》（東京都：合社，二〇〇〇年），頁54。
130 杜潘芳格著，下村作次郎編，《フォルモサ少女の日記》，頁54-55。
131 〈卷頭言〉，《新新》，創刊號，一九四五年十一月，頁1。
132 「祖國認同」指的是臺灣人對中國在血緣上的「我群」概念，加上擺脫日本不平等待遇，自己當家作主的期待。王甫昌將之指稱為「中國人意識」，但筆者認為，當時臺灣人對中國的概念，與其說是「中國」的國家認知，不如視為對「祖國」的鄉愁情感。陳建中也指出，「祖國認同」並非建立在實際接觸後的理解上，多數是因為血緣、想像、戀慕所促使。另外，陳翠蓮認為，「祖國認同」是為了對抗強大的殖民主日本，臺灣人因而援引背後的文化母國藉以壯大自我，但這樣的認同是基於想像，與中國發展的實況差距極大。如此空想的認同在實際接觸後，自然會在極短的時間內瓦解、破滅。參見王甫昌著，《當代台灣社會的族群想像》（臺北市：群學，二〇〇三年），頁67；陳建忠著〈徘徊於「祖國認同」與「台灣認同」之間〉，收入《島語》，第一期，二〇〇三年三月，頁23；陳翠蓮著，〈台灣的國家認同研究近況〉，收入《國史館館刊》，第三三期，二〇〇二年十二月，頁14。

133 吳新榮著，張良澤主編，《吳新榮日記全集八（一九四五—四七）》，頁177。

134 吳新榮著，張良澤主編，《吳新榮日記全集八（一九四五—四七）》，頁181。

135 吳新榮著，張良澤主編，《吳新榮日記全集八（一九四五—四七）》，頁186。

136 臺灣總督府警務局，〈大詔煥發後ニ於ケル島内治安狀況竝警察措置（第一報）〉（一九四五年八月），收入蘇瑤崇編，《最後的台灣總督府——一九四四—一九四六終戰資料集》，頁160-161。雖然「國民政府歡迎籌備會」第一次籌備委員會至九月十日才召開，但是「籌備會」本身應於戰爭結束不久即由陳炘等知識分子成立（參見李筱峰著，《林茂生・陳炘和他們的時代》〔臺北市：玉山，一九九六年〕，頁139-140。）

137 黃美蓉著，《黃旺成及其政治參與》，（臺中市：東海大學歷史學系碩士論文，二〇〇八年），頁4-5、114-119。

138 吳新榮著，張良澤主編，《吳新榮日記全集八（一九四五—四七）》，頁180-181。

139 吳新榮著，張良澤主編，《吳新榮日記全集八（一九四五—四七）》，頁186。

140 吳新榮著，張良澤主編，《吳新榮日記全集八（一九四五—四七）》，頁187。

141 吳新榮著，張良澤主編，《吳新榮日記全集八（一九四五—四七）》，頁188。

142 吳新榮著，張良澤主編，《吳新榮日記全集八（一九四五—四七）》，頁188-189。

143 《民報》，一九四五年十月十一日，第一版。

144 林獻堂著，許雪姬編註，《灌園先生日記（十七）一九四五年》，頁314。

145 林萍心著，〈我們新的任務開始了〉，《先鋒》，創刊號，一九四五年十月，頁8。

146 《民報》，一九四五年十月十四日，第二版。
147 《民報》，一九四五年十月十六日，第二版。
148 吳新榮著，張良澤主編，《吳新榮日記全集八（一九四五—四七）》，頁 205-206。
149 陳郁秀、孫芝君，《呂泉生的音樂人生》（臺北市：遠流，二〇〇五年），頁 150-151。
150 陳郁秀、孫芝君，《呂泉生的音樂人生》，頁 151。
151 陳郁秀、孫芝君，《呂泉生的音樂人生》，頁 151。
152 葉榮鐘著，李南衡編，《台灣人物羣像》，頁 283-284。
153 楊基銓撰述、林忠勝校閱，《楊基銓回憶錄》，頁 170。
154 現行中華民國國歌是由中國國民黨黨歌演變而來。其歌詞源於孫中山一九二四年對黃埔軍官學校師生的訓詞，曲的部分則是在曲譜徵件中，經過「黨歌曲譜審查委員會」審查而被選出，作者是江西省出生，畢業於日本東京音樂學校的程懋筠。黨歌是在一九二九年一月十日召開的第一九〇次常務上會核定的。黨歌替代國歌的經過如下：一九三〇年三月十三日召開的第三屆中央執行委員會第七十八次黨務會議中，答覆海外華僑學校的電陳請示，決議「在國歌未制定以前，可以黨歌代用」。雖然後來教育部也舉辦過幾次制定正式國歌的徵件活動，卻始終未能選定。一九三七年六月三日召開的第五屆中央執行委員會第四十五次常務委員會正式決議「即以現行黨歌，作為國歌」。
155 〈國軍を台北驛頭に迎ふ〉，《新新》，創刊號，一九四五年十一月二十日，頁 2。
156 臺灣省警備總司令部接收委員會編，〈臺灣省軍事接收總報告書〉，頁 9。
157 葉榮鐘著，李南衡編，《台灣人物羣像》，頁 286-287。
158 賴彥伯著，〈失去的樂園〉，收入江秀鳳主編，《第一屆綠川個人史文學獎作品集》（臺中市：鄭順娘文教公益基金會，二〇〇〇年），頁 39。
159 吳濁流著，〈無花果〉，頁 160-161。

160 陳翠蓮著，《台灣人的抵抗與認同（一九二〇～一九五〇）》，頁 209-212。

161 葉榮鐘著，李南衡編，《台灣人物羣像》，頁 289。

162 SSU "Report on Formosa", 103. 此場約談應於一九四五年十一月二十六日進行。是日的二名美國情報員帶著另一名日本人戶田龍雄做為翻譯，約談時間約三十分鐘（見林獻堂著，許雪姬編註，《灌園先生日記（十七）一九四五年》，頁 397）。

163 SSU "A Report on Formosa", 108.

164 SSU "A Report on Formosa", 110.

165 SSU "A Report on Formosa", 103.

臺灣人的意願？日本軍的煽動？

——探討「八·一五獨立事件」

一九四五年八月戰爭結束後，出現以辜振甫、許丙、林熊祥等為首的「八・一五獨立事件」。這個事件的真相，即使是六十多年後的今日，仍然朦朧不清。究竟「八・一五獨立事件」的脈絡與意義為何？

在此首先簡述過程。一九四六年的二月到三月之間，辜振甫、許丙、林熊祥、簡朗山、徐坤泉等五人被逮捕，官方給出的理由是：「於日本宣布無條件投降前後，竟

‖ 辜振甫，1946。引自／維基百科

‖ 許丙。引自／《人文薈萃》

受敵臺灣軍參謀部之唆使，陰謀臺灣獨立，殊違背『波茨坦宣言』之精神」，並在同年四月二十七日以戰犯的嫌疑者身份移送臺灣軍事法庭審理。一九四七年七月二十九日的軍事法庭判決書如此敘述：

迨民國三十四年八月十五日，我抗戰勝利，日本投降，依照波茨坦宣言，臺

林熊祥。引自／橋本白水，《臺灣統治と其功勞者》

簡朗山。引自／《人文薈萃》

灣故土，歸還我國。人多慶幸，辜振甫等三人以傾向日本，窃抱遺憾，適有日軍少佐中宮悟郎、牧野澤夫（按：應為牧澤義夫）等不甘投降，陰謀假名自治，竊據臺土。投降甫定，隨即擬定臺灣自治草案，網絡臺紳主持，內定辜振甫任總務部長、許丙任顧問，林熊祥任副委員長。同時擬定自治協會，由日人主持，該中宮悟郎等心知所擬負責臺人，未必全部贊同，且不盡相識，洽辦亦有困難。爰於同年月十六日、十七日，先邀素識至辜振甫之臺北市末廣町木材會館商討其事，囑並轉邀他人參加。辜振甫之意志不堅，竟予贊助。會後轉商與許丙、林熊祥，並獲同情，其餘擬定人選，因時間短促，方在試探勸誘，或未及接洽，事即敗露，被前總督安藤聞悉，同年月二十二日，適有臺紳杜聰明、林呈祿、羅萬俥、簡朗山等拜會安藤，辜振甫、許丙、林熊祥亦隨前往。安藤即發表談話，誥誡島民不得輕舉妄動，並明示絕對禁止有關圖謀臺灣獨立或自治。辜振甫等三人聆言後，知事不可為，乃將陰謀取銷……於同年月二十四日，在許丙家開會，加以開

表 4 「八．一五獨立事件」相關年表

日　期	發　生　事　由
1945 年	
8 月 15 日	玉音放送、安藤總督訓示
8 月 16 日	中宮悟郎於台北市末廣町的木材會館召見辜振
8 月 17 日	甫，並商量關於台灣自治
8 月 18 日	辜振甫拜訪中宮之直屬杉浦成孝，並請求說服中宮等
8 月 20 日	林獻堂、許丙、藍國城會見安藤總督
8 月 22 日	諌山春樹、杉浦成孝等赴南京
8 月 22 日	杜聰明、羅萬俥、簡朗山、辜振甫、許丙、林熊祥、（林呈祿？）會見安藤總督
8 月 24 日	台灣新報刊載安藤總督談話
8 月 24 日	辜振甫等於許丙處商議，並宣告解散
8 月 27 日	辜偉甫搭乘日本陸軍飛機前赴東京
1946 年	
1 月 15 日	公布漢奸總檢舉規程
2 月中旬	林熊徵、林熊祥、陳炘、許丙、辜振甫、簡朗山、詹天馬、徐坤泉、黃再壽、陳作霖被拘留於台灣省警備總司令部（原東本願寺），日後被遷至台北的戰犯拘留所。
4 月 24 日	陳炘、黃再壽、詹天馬被釋放
1947 年	
7 月 29 日	判決

（資料出處：《台灣總督府公報》（號外，1945 年 8 月 15 日）；《台灣新報》（8 月 24 日，第 1 版）；《台灣新生報》（1947 年 7 月 30 日，第 4 版）；安藤正編，《あゝ台湾軍：その想い出と記録》，頁 22；塩見俊二，《秘録・終戰直後の台湾》，頁 32；許雪姬主編，許伯埏著，《許丙 ‧ 許伯埏回想錄》（台北：中央研究院近代史研究所，1996），頁 298-302。黃天才、黃肇珩，《勁寒梅香：辜振甫人生紀實》（台北：聯經出版，2005），頁 94。〈灌園先生日記〉（未刊本）（1946 年 2 月 21 日、4 月 24 日）。關於辜振甫、許丙等被拘留的地方，辜振甫則回憶是在西本願寺。然而西本願寺於戰爭結束後為台灣省警備司令部交響樂團進駐地，二二八事件後才開始拘留政治犯。因此辜振甫等被拘留之地方應為東本願寺）。

釋，屆時安藤談話，在報紙發表，隨即宣讀散會[166]。

如表4，雖然三人在一九四六年二月到三月間被逮捕，並在一九四七年七月被判處一年十個月到二年二個月的有期徒刑（這樣的刑期相較於二二八事件，已經可以說是輕判了），這件事在戰後的臺灣社會並沒有引起太大的漣漪，然而如果釐清此一事件的過程及脈絡，將能更進一步瞭解戰後的臺灣社會與臺灣人動向。筆者試圖在既有的研究上，對「八・一五獨立事件」加以說明及補充，並深入探討事件背景與內在涵義。

過去的研究往往將「八・一五獨立事件」視為受日本軍煽動而導致，參與其中的臺灣人並無主動意願。但近期有學者以當時的臺灣軍參謀所撰寫的報告、當事者的訪談記錄等資料為根據提出反駁，主張日本軍並非策劃臺灣獨立的主謀，並強調當時就有部分臺灣人士確實存在著臺灣獨立的想法。由於中國軍事司法部門判斷此事為日軍煽動，因此才會判處辜振甫等人較輕微的有期徒刑。

經過一九四七年二月的二二八事件，中國對臺灣的主權相當程度受到國際輿論的懷疑，因此國民政府一方面為了掩飾臺灣島內的獨立思想，另一方面為了達成收買民心並顧及統治者顏面，從而將主張臺灣獨立運動的原因歸咎於日本軍人。可見，中國當局雖然不嚴苛追究臺灣仕紳，但是不容許臺灣獨立思想蔓延的態度非常堅定。雖然近期研究充分使用以往較少見到的文獻資料，可以為「八．一五獨立事件」提出新穎立論，但是其中仍存有進一步討論的空間。

上述判決書中，辜振甫、許丙、林熊祥等人在八月二十二日隨杜聰明、林呈祿、羅萬俥、簡朗山拜會安藤總督之事，據《齊藤茂文書》記錄，起因是日臺灣總督府與第十方面軍邀請臺灣有力者召開「軍官民會議」。民間參與者除了辜振甫、許丙、林熊祥以外，還有杜聰明與簡朗山，卻沒有林呈祿的名字。上述參與者各自都曾敘述對日本戰敗的感慨：

永遠不會忘記，以後也要請教。

非常可惜，以後要與殘留內地人融和、提攜。

回顧這五十年間，不堪今昔之感。在世界沒有這樣的統治，到子孫都會感謝。由日支提攜實現大東亞建設。

不夠力量，衷心道歉。努力日華親善，內臺人合作。

這五十年間，死亡率、傳染病減少，實施鴉片政策，臺灣變為樂土。

回想過去一視同仁之善政。努力日華親善，殘留內地人、支那人、本島人必須合作[167]。

姑且不論上述臺灣仕紳的感慨是不是單純的客套話，重要的是，在這場會議上看不出辜振甫等人提出臺灣獨立的倡議。另外，戰後臺灣人面對日本當局仍舊需要讚揚「善政」（正如前述林獻堂的例子），所以這次碰面也可以從另一個側面看出當時日本當局與臺灣仕紳之間的微妙關係。

日本方面，學者研究多半指出其中涉案人士包含了日本軍人牧澤義夫與中宮悟郎。牧澤義夫當時官階為少校，任職第十方面軍參謀本部情報班班長。戰後曾奉安藤總督之命，到霧峰林家邀請林獻堂前往南京參加日軍受降典禮。歷史學者曾經對牧澤氏進行口述訪談，當時他身體相當健朗，記憶也相當清楚。只是過程中一旦談到「八．一五獨立事件」，牧澤氏的反應總是「苦笑說他根本不知情」[168]。

有學者因未尋獲中宮悟郎的詳細資料，加上於訪談之中牧澤氏也透露他未曾聽聞中宮悟郎這號人物，於是推論「他的存在相當可疑」[169]。然而依據《陸軍中野学校》的記載，中宮悟郎與牧澤義夫均屬第十方面軍司令部情報班，階級也都是少校身份。其實牧澤、中宮兩氏都是中野學校出身，這是陸軍專門培養情報人員的重要機構。換言之，兩人不但所屬同一單位，背景也幾乎相同，牧澤氏說他未曾聽聞中宮氏之名，這不免令人心生疑惑。或許是因為他曾經擔任情報人員，使得牧澤氏不願意透露過去的軍事經驗與真實的人際網絡，因此牧澤義夫的訪談並沒有完全透露戰後日本軍的真實狀況。當然也有可能是因為年紀老邁，而使往事難以追憶。

除了上述兩人，還有兩位被指稱為知情人士的日本軍人，亦即第十方面軍司令部參謀長諫山春樹中將與第十方面軍司令部情報部長杉浦成孝中校，後者更是牧澤、中宮的直屬長官。諫山與杉浦都在戰後擔任與中國軍交涉接收事宜的工作，日後被拘捕並遣送至中國大陸審判為戰犯。臺灣省警備總司令部軍法庭判決書中提及：

被告辜振甫持以辯解者，……對中宮等陰謀，當面拒絕，有在場臺人李忠可證。並於十八日往訪杉浦（據稱中宮悟郎主官），面請壓制，事經轉告羅萬俥，亦可證明[170]。

辜振甫在審訊中透露，八月十六日、十七日得知中宮悟郎的「臺灣自治草案」

後，翌日便前往拜訪杉浦成孝並提請壓制中宮等人的陰謀。然而辜氏親自提供的證人羅萬俥卻證言：「辜振甫對我說是報請諫山參謀長制止的[171]。」其後辜振甫在回憶錄中透露，與中宮會見後，「立刻單獨去見參謀長諫山春樹中將，指出日本軍人這一行動，十分不妥，不應任其擴大，並建議告知臺灣總督安藤利吉，曉以利害[172]。」戰後諫山與杉浦都接受美國情報員面談，他們都沒有提到獨立運動的事。然而根據一份署名「北條儀兵衛」的回憶錄，獨立運動的提倡者其實是諫山春樹中將：

> 於日本宣布投降的當天，以諫山參謀長為首的若干日本軍官，向安藤總督建議作抗拒接收的準備，既經安藤氏否決，乃改以慫恿島內名望家出面發起自治獨立運動的方式進行。……直至二十二日晚間，諫山始來，一進門就說「完了！」意興至為頹喪，……諫山坐下之後，詳述始末，謂工作進行原已頗有頭緒，許丙、簡朗山、林熊祥、許坤泉諸氏均願死力支持。……今日辜、許等聯袂面謁總

督，說明此意，總督乃即對來謁諸人，面加指斥……諸氏只好敗興而歸，他們本來已經聯絡了一批，約定後天（二十四日）下午在許丙家，舉行集會的……

關於此份回憶錄原本連載於一九四八年在日本發行的《日本新聞》，日後一九四九年一月的《臺灣春秋》雜誌也刊載中譯。乍看之下，內容與一九四七年七月公布的軍法庭判決書極為類似，況且八月二十二日諫山參謀長隨同杉浦、西浦兩位參謀及總督府農商局長須田一二三，攜帶第一次軍需品接收目錄赴南京會見葛敬恩，所以人不在臺灣。姑且不論這段描述的真偽，我們都不能否認部份血氣方剛的日本軍人不服投降而企圖繼續作戰的可能性。

對信誓旦旦要「奮戰到最後一兵」的日本軍而言，日本投降對他們而言無疑是晴天霹靂。因頓時無法接受戰敗之現實，八月十四日晚間在日本曾發生所謂的「宮城事件」。以畑中健二少校、椎崎二郎少校等為主的部份日本陸軍士官，企圖阻止公布投降詔令。他們殺害近衛第一師團長森赳中將，占領部分皇居，軟禁天皇近侍，並發布假命令試圖發動軍事革命。

當時臺灣島上具作戰能力的日本軍還有約十五到十七萬之數，除了如前述散發繼續作戰的傳單外，部份部隊仍接受繼續作戰之命令，持續軍事演習。例如當時擔任高雄要塞重砲兵聯隊第四中隊小隊長的前田卯一，聽完「玉音放送」後，在當天下午仍舊繼續戰術教育，甚至收到「各隊於明朝前，完了射擊準備，如敵艦隊出現，立刻擊滅之」這樣明確的命令。

當時以學生身分被召集的日本人林宏，收聽「玉音放送」時還不知道日本經戰敗投降了，「翌十六日，事態急變，受到『臺灣軍六十萬仍然健在。堅持徹底抗戰。』之命令，立刻配備實彈，遽然提升即將展開實戰之緊張氛圍。……數日後再受到軍司令命令，『臺灣軍接受敕使之命，進入停戰狀態』。」[173]

實際上，日本軍方面認為八月十五日的「玉音放送」只是「呼籲」，並非正式的停戰命令。雖然隔天日本軍大本營就發布大陸命第一三八二號及大海令第四八號（兩者均為參謀總長之命令），內容是命令部隊即刻停止戰鬥行動，不過文書中仍有「但至停戰交涉成立前，如敵軍來襲，面對不得已狀況，不妨以戰鬥行動進行自衛」的附記。[174] 主張抗戰的部份軍人就利用附記作為繼續戰鬥的依據，因此海軍在十七日、陸軍在十八日再度發布解除作戰任務，並停止一切武力使用的行動。

除此之外，日本天皇特地派遣皇族閑院宮春仁王、朝香宮鳩彥王以及竹田宮恒德王到南洋、中國及滿州各戰區傳達投降命令。由此可見，使日本軍遵守天皇詔書，立刻進入停戰狀態，實際上是一件相當困難的事。臺灣憲兵隊司令官上砂少將也回憶：

> 血氣方剛的青年將校士官中，少數人號召奮勇蹶起，不惜一戰，並將離開營隊而守在新高山（按：現為玉山），或者也有軍人試圖趁著夜晚，赴中國大陸，年輕的將校中，部分軍人不服投降之訓示，到處發生糾紛。在以維持治安為本職

的憲兵隊本身中，也有部份將兵呼應此年輕士官們，而不服從長官方針，提出相當強硬的意見。好不容易才說服他們[175]。

日本軍中確實存在不願接受日本戰敗而主張繼續戰爭之「強硬派」。為達成繼續作戰的目的，他們也許想要借助臺灣仕紳對安藤總督的影響力。換言之，既然日本已經戰敗，繼續戰爭的正當理由當然隨之消滅，但是如果臺灣人表達「獨立」或「不接受中國統治」的意願，日本軍以協助之名，行作戰之實乃是意料中事。因此以日本軍的角度看待「八・一五獨立事件」，可說根本是作戰的其中一個環節。

在此我們要追問的是，難道當時臺灣人都沒有一絲一毫的「獨立」或「自治」的意願嗎？

如同前面探討的林獻堂與吳新榮，「八・一五獨立事件」的關係者也應該是憑藉著各自的思想與做法，為臺灣的未來採取行動。本文以下將試圖探討以臺灣人為主要視角的「八・一五獨立事件」。

除了部分學者，目前很少見到有研究指出將「八・一五獨立事件」視為臺灣人主動發起的「獨立運動」。身為當事人的辜振甫、許丙也都否認他們有主動策劃「獨立運動」的意圖，我們也還沒找到足以證明臺灣人積極展開「八・一五獨立事件」的資料。因此只能從日本軍並未懷有策劃「臺灣獨立」意圖這個角度去論述，否則「八・一五獨立事件」將會理所當然地被歸因為受到日本軍的煽動。然而辜振甫的異母弟辜偉甫於後的八月二十七日搭乘日本軍飛機前往東京，拜謁昭和天皇之三弟高松宮宣仁親王。當時人剛好在東京的臺灣總督府主計課長塩見俊二在他的日記中提到辜偉甫前來日本的目的是「想看日本人戰敗後的復興狀況。」[176]針對這項說法，戰爭結束未滿月半，居留日本的大部分臺灣人渴望早日回鄉的時候，辜偉甫卻只為觀察日本復興的狀況而赴東京，實在啟人疑竇。因此我們可以藉此揣測辜偉甫的赴日與辜振甫等行動有所關聯。

戰後安藤總督公布的諭告或訓話也能顯示「八・一五獨立事件」之另一面向，相關文字如下：

自煥發宣戰之大詔以來業已歷四年。觀察世界大局和戰局變遷，終於下聖斷結束其局勢。……長期以來，戰爭之影響擴及到島民生活上，蒙受災禍，喪失家業的人亦不少。本總督將下最大的努力，除了特別貫徹援助復興戰災之外，增產食糧，確保經濟秩序，以便維持治安，穩定島民的生活。般切期望島民鑑於本旨所欲，信賴軍官的措施，毋須輕舉妄動者，冷靜著實，勉勵其生計[177]。

下一段訓話是辜振甫、許丙等人在八月二十二日謁見安藤總督後，刊登於《臺灣新報》，標題為〈時局急變與本島之今後〉，並在訓話文字前加註說明：

安藤總督以最近本島人有力者的來訪為契，對於時局的急變與「本島之今後」，簡明率直地揭示其方針……其中特別勸戒島民切勿輕舉妄動，明示絕對不可容許獨立運動或自治運動等……[178]

其後，於安藤總督訓話中，對臺灣人作出如下呼籲：

承詔必謹，我等日本國民堅持奉侍陛下（按：日本天皇），忠誠無比。外國人也許難以理解此日本之精神，然而五十年一同力行天皇之命，與吾等同甘共苦的諸君（按：指臺灣人）應能理解。……本島民各位於此大戰期間所表現的忠誠，其本作為日本人理所當然之事，不過認為陛下對此甚感滿意，作為總督、軍司令官，於茲表示深切的敬意與感謝。然而為了實行開羅協定，不得已屬於不同主權與歸屬，深感遺憾。……深切企望勇敢地往新的境遇跨步。為此，第一所有的本島同胞必須鞏固地團結。相信不一致的言行將使本島的受難變得更為嚴重。……以下列舉緊要的項目；

第一，絕對必須維持治安。為此，期望本島有力者強力協助，另外如本島獨立運動，無論採取何種手段方式，不用說內地人，就算是本島人之間也是絕對不被容許發生的。因為它將加倍本島之受難，甚至違背聖旨，陷帝國於危殆[179]。（旁點為筆者加註）

由此可知，戰爭結束時就對臺灣住民的「輕舉妄動」相當警惕的安藤總督，經過八月二十二日辜振甫等人的訪問，對臺灣人的「獨立運動」或「自治運動」更是拉高警戒，因而再度發表訓話，呼籲臺灣人須團結一致，千萬不可發生「本島獨立運動」等事件。

雖然辜振甫回憶，當時安藤總督在會中表示部份日本少壯軍人想用維持臺灣治安為由籌劃類似「武力運動」的意圖，一定要加以壓制，以免被誤會是在策劃「臺灣自治」運動。但是當我們看完前面的訓話內容，不難發現安藤總督對臺灣人的舉動較為警戒。假如辜振甫等受牧澤、中宮等日本軍人的慫恿，因而向安藤總督表示臺灣「獨立」或「自治」的意見，當場就被安藤總督拒絕時，他們也應該向他透露屬下少壯的企圖。但是在訓話中沒有看見他們做過這樣的努力。這也證明當時辜振甫等臺灣人或許是衷心地懷有臺灣「獨立」或「自治」意願。

另外，「八．一五獨立事件」並非一直到一九四七年七月宣判時才被揭露，而是早在長官公署正式接收臺灣之前就已經被公開討論了。一九四五年十月十日，也就是臺灣第一次「雙十節」當天創刊的《民報》，在十月十五日刊載了一則署名「趙斬奸」的讀者投稿，標題為〈獨立之夢〉。其中寫道：

竟有少數願甘心永作日人奴隸的漢奸，和日軍的參謀等密議陰謀獨立，打算

民報

中華民國三十四年十月十五日

中·英·蘇三國軍
將參加占領日本
麥元帥司令部宣稱

保有兩洋基地
太平洋方面九處

文獻的接收（中）
楊雲萍

有附逆行為者
按其情節辦理

獨立之夢

光華復旦

大福營造公司

集樂工務所

同樂酒家

水仙酒家

三和組

‖ 1945 年 10 月 10 日，也就是臺灣第一次「雙十節」當天創刊的《民報》，在 10 月 15 日刊載了一則題為〈獨立之夢〉的讀者投書。

建設一個偽滿州一樣的傀儡政府，……漢奸等以為事成，不特足以維持現地位，實可獲得人間最高的榮華，某者為總統、某者為副之，各部長官亦已決定，兒戲之舉為安藤日總督所不容[180]。

池田敏雄也早在九月四日就聽說這件事，消息大致是：「有人策動獨立運動，向總督府動議，但是被禁止。許丙、辜振甫等[181]。」此外，可能是戰後最早由美國記錄的臺灣現況報告，也就是美國中國戰區軍在一九四五年八月二十七日所撰寫的報告也指出臺灣存在「企圖獨立的地下運動」（an underground movement looking toward independence）的可能性。這份報告的說法如下：

此運動勢力並不強大，因為日本嚴厲的監督與臺灣人缺乏領導能力。臺灣人未能立刻實施自治，因為日本當局從未給與臺灣人適當的政治與經濟資源。如此長期被日本統治，臺灣人完全未有經營此島（按：臺灣）的準備[182]。

於是，「八·一五獨立事件」發生不久後就成為一般臺灣人，甚至美國情報機關也能獲悉的事。因此如許丙長子許伯埏回憶，辜振甫、許丙等被逮捕是因為「半山分子」以及長官公署呼籲檢舉協力日本「漢奸」，所以才會有人向長官公署告發「八·一五獨立事件」，如此推斷也不無可能。

基於以上關於「八·一五獨立事件」的討論，筆者統整出以下兩點。第一，鑑於當時日本軍內部「強硬派」以及各相關人士的證言與回憶錄等記載，該事件可能是由日本軍策動，並向臺灣人提議。隨後卻遭到安藤總督反對，計劃才因此胎死腹中。第二，儘管事件有日本軍的策動，但臺灣人絕對不是任由日本軍指揮擺布，反而也利用這次機會積極展開臺灣「獨立」或「自治」運動。因此他們不向安藤總督透露日本少壯軍士的陰謀，且試圖與日本皇族交涉。換言之，我們幾乎可以推論該事件是日本軍與臺灣仕紳雙方人馬的共謀。即使是由日本軍「強硬派」提議，實際上臺灣人也主動參與其中，並非某些學者所指出的，事件純粹是日本軍煽動或者只歸結成臺灣人自己要進行「獨立運動」。

「八・一五獨立事件」沒有具體行動，也沒有明確訴求，一遭遇安藤總督反對便土崩瓦解。況且這個事件以「臺灣自治」為目的，究竟能否稱為「獨立事件」也是個大問題。向來針對「臺獨」議題進行深入研究的歷史學者指出，提倡「日華提攜、聯省自治」的林獻堂也曾涉入「八・一五獨立事件」，因此推論「八・一五獨立事件」的訴求也只不過是「自治」，並將之視為「臺灣精英長期自治理想之短暫嘗試」，表示不能將此事件與日後的「臺獨運動」相提並論[183]。

本文指出，此事件的訴求絕不僅止於「自治」。首先，觀察戰後林獻堂的行動，並不能看出林氏曾參與「八・一五獨立事件」。林氏早在八月十九日就和許丙接觸，並在二十及二十一日在臺北與辜振甫、林熊祥等談論時局問題。然而其日記中並沒有記錄「臺灣自治」的議論。況且，如果林獻堂有意參與「八．一五獨立事件」，他就應該留宿臺北，並在二十二日與辜振甫等一同會見安藤利吉。事實是，林獻堂二十一日傍晚就返回臺中了。

其次，林獻堂八月二十日會見安藤利吉提出治安維持、日華親善等建議。假如林獻堂在這個場合提出「臺灣自治」的建議，安藤利吉就應該立即發出呼籲臺灣民眾切勿輕舉妄動的訓話，然而正如前文所言，安藤利吉發出訓話的時間是在會見之後的八月二十四日。因此林獻堂並未參與「八．一五獨立事件」，並且此事件中的訴求不僅是「臺灣自治」，可能也含有「臺灣獨立」的思考脈絡。

「八．一五獨立事件」與日治時期萌芽的臺灣民族運動是否有關聯呢？儘管辜振甫、許丙、林熊祥等人在日治時期被視為支持臺灣總督府政策的一方，面對伸張臺灣人的權利，他們表面上採取反對立場。加上從戰爭結束到向安藤利吉提出建議的時間相當短促，顯然這不是立基於臺灣人民意願之上的獨立事件。但我們也不能僅憑辜振甫、許丙、林熊祥等人的立場就一筆抹煞這個事件的意義與價值。

「八・一五獨立事件」的發生時間，正是這個事件之所以具有歷史指標意義的核心原因。在日本政權即將消滅，中國政府尚未接收之時，這個運動試圖確立了臺灣是一個獨立的政治體。換言之，與日後飽受國民黨等因素威脅而發動的獨立運動不同，這不是一個受到政治環境威脅而奮起的獨立運動。即使國際社會的外在箝制始終存在，但是臺灣無論在日治時期或戰後初期，並不能全盤否定島內具有提出高度自治或獨立呼聲的可能性。然而內部分裂、缺乏團結以及缺乏規劃等因素，使得臺灣終究無法抵抗外來的壓力與迫害。因此「八・一五獨立事件」也可以被視為是在捉摸不定的未來道路上，試圖提出以臺灣為主體的可能性嘗試。或許缺乏足夠的籌備與堅持，並受到日本當局的干涉，才始終無法實現「臺灣人的臺灣」。

綜上所述，戰後臺灣社會與臺灣人的整體動向，實在難以一概而論，若是拘泥於歸結出一致的定見來當作這個時代的註解，將很容易輕忽背後錯綜複雜的面相。整體而言，當時社會一方面是由日本當局掌控，另一方面臺灣人也憑藉著各自的信念與做法，為臺灣未來奔走，規劃夢想的藍圖，所有人的動向形色紛雜，並不一致。「八・一五獨立事件」，正是在如此動盪不安的社會環境與多元混雜的個人思維脈絡下發生。雖然該事件仍然有許多糾葛與紛亂，在此筆者不敢妄下斷言，指稱已然全盤瞭解事件的真相。在這裡僅能提出突破過去研究成果的可能性，亦即，該事件的起因並非單方面的策動，而是部分日本軍與部分臺灣人因利害關係一致而發生。換言之，這是舊有統治者的殘留勢力與冀望臺灣人自主的新勢力，在時代轉換的最後一刻，所合作演出的歷史大劇。

註

166 《臺灣新生報》，一九四七年七月三十日，第四版。

167 以上皆引自〈部局長級會議筆錄〉，收入《齊藤茂文書》，無頁數。

168 蘇瑤崇著，〈「終戰」到「光復」期間臺灣政治與社會變化〉，頁58-59。

169 蘇瑤崇著，〈「終戰」到「光復」期間臺灣政治與社會變化〉，頁58-59。

170 《臺灣新生報》，一九四七年七月三十日，第二版。

171 《臺灣新生報》，一九四七年七月三十日，第二版。

172 黃天才、黃肇珩著，《勁寒梅香——辜振甫人生紀實》（臺北市：聯經，二〇〇五年），頁82。

173 基隆中学校同窓会編，《私の8月15日》，頁71。

174 服部卓四郎著，《大東亞戰爭全史》（東京都：原書房，一九六五年），頁952、955。中本昇編，《われら独飛71のあしあと——独立飛行第71中隊員の手記》，頁302-303。秦郁秀著，《八月十五日の空》（東京都：文藝春秋，一九七八年），頁217-218。

175 上砂勝七，《憲兵三十一年》，頁15-16。

176 塩見俊二著，《秘録・終戦直後の台湾》（高知：高知新聞，一九七九年），頁32。

177 《臺灣總督府公報》，號外，一九四五年八月十五日。

178 《臺灣新報》，一九四五年八月二十四日，第一版。

179 《臺灣新報》，一九四五年八月二十四日，第一版。

180 《民報》，一九四五年十月十五日，第二版。另外，George H. Kerr也在一九四五年十一月二十二日報告中提及該事件（"Current public opinion in Formosa", 2 (RG331, Officials of Occupied Territories Formosa), Box2058, in The U.S. National Archives and Records Administration, 1945. 11. 29).）。

181 池田敏雄，〈敗戰日記I〉，頁61。

182 美國中國戰區軍，"Latest Information". appendix a 16

183 陳佳宏著，《鳳去台空江自流——從殖民到戒嚴的台灣主體性探究》（臺北：柏楊文化，二〇一〇年），頁 34-36。

尚未燃燒的「臺灣火」

矢內原忠雄曾經形容臺灣的位置為「站在日本與支那兩團火之間」[184]。那麼當「日本」火即將熄滅，「中國」火尚未在臺灣灼燒之際，臺灣本身有什麼樣的變化呢？這是筆者起心動念想要探索這段政權遞嬗的七十一天之間，臺灣社會與臺灣人心動向的原因。

多數臺灣人對日本戰敗的結果並沒有心理準備，也不清楚「開羅宣言」實際內涵，甚至可能根本不知道有這個宣言的存在，理所當然對戰爭結束後的臺灣歸屬一無所知。日本宣布戰敗之後，經過口耳相傳、小道消息的傳遞，不難產生臺灣未來將歸還「祖國」的推論。同時也有不少日本人直覺必須放棄臺灣這塊殖民領土。

事實上，關於二次大戰前後臺灣社會與臺灣人動向，在面對脫離日本殖民統治，歸還中國領土的議題時，對實際生長在這塊土地的臺灣人而言，與其討論「開羅宣言」或「波茨坦宣言」等無法親自參與的課題，不如從更底層的日常生活中細細關注他們情感上的波動。或許正是因為彼此在「情感上的領土移轉」認知有所差異，因而產生後來「祖國認同」上的差距。

實際生活方面，過去研究以為在戰爭結束到「光復」時期，臺灣的治安、經濟狀況維持在平靜狀態，一直要到中國兵來臺之後才開始惡化。然而社會治安敗壞不穩的端倪，早在中國兵登陸前就已經出現，無節制浪費物資、糧食等狀況也時有耳聞。換言之，臺灣社會雖不致於上演激進暴亂的場面，卻也不免落入無秩序狀態。儘管「三青團」等團體成立，以穩定治安為己任，但人民認為日本法律已經失去約束臺灣人的正當性，進而出現藐視法律的現象，甚至公然從事非法行為，尤其賭博及違法擺販十分猖獗。另一方面，從戰爭結束前開始暴增的貨幣流通量在戰後仍然繼續增加。臺灣銀行以從日本空運及自行印刷雙管齊下增發貨幣，以因應戰後需求。雖然增發貨幣是為了避免日本當局與臺灣社會之間的紛爭，然而貨幣超額發行也成為日後通貨膨脹的主因。

日本當局方面，雖然日本因戰敗使得統治臺灣的權威消失，卻仍有機構持續在島上實施行政權及司法權。日本軍也有意在臺灣保持勢力，以維持治安的名義擴大憲兵隊。日本當局最高領導者安藤利吉也在戰爭結束當下採取「和戰體制」，並沒有立即解除戰爭狀態。

即使日本統治機構依舊運轉，中國政府尚未來臺，但已經有臺灣人開始主動脫離日本，迎接「祖國」來臨。如前所述，這個時期臺灣人的「祖國認同」日益擴大，渴望「祖國」早日來臨，於是熱衷吸收中文、國歌等「祖國」知識。字面上，「祖國認同」有如臺灣人對中國血緣上的憧憬，成為臺灣人與中國人之間的關係紐帶。但是這樣的認同並不是純粹在臺灣與中國兩者之間產生，而是日治時期抵抗日本統治而萌芽的精神「籌碼」。當「臺灣意識」在殖民統治下抽芽滋長的同時，原鄉「祖國」卻仍然若即若離地在許多臺灣人的心海中映下投影。戰後王添灯在雜誌上對於臺灣人歡喜「光復」有著如下描述：

這也難怪的！因為六百五十萬的臺胞過去是慘極了，五十多年和帝國主義鬪爭的苦楚和心情是這小紙張難以形容的一部慘鬪史，他們一見帝國主義的鐵鏈折斷當然是喜歡的呀[185]！

我們不難發現，其實臺灣人對中國的「祖國認同」與日本統治息息相關。換言之，戰後臺灣人會有毫不懷疑，歡喜熱烈地歡迎「祖國」的心態，也是日本統治臺灣的影響之一。或許可以說是日本之火即將消滅之際，最終在臺灣留下的最大焦跡。

二次大戰結束的時候，臺灣這塊土地最關鍵的問題是「日本戰敗」與「歸還中國」兩者之間是否存在必然關係。「日本戰敗」與「歸還中國」之間越能劃上等號，並將因果關係視為理所當然的臺灣人，相較之下也更容易懷有強烈的「祖國認同」。反之，不把「日本戰敗」直接連結到「歸還中國」的臺灣人，就會選擇傾向維持對日關係或者試圖尋找第三條道路。

誠如前文引述的矢內原之言，臺灣的命運直到日本統治的最後一刻，仍然被「兩團火」左右。臺灣人在權力的「真空時期」仍需要面對舊統治者的殘留勢力與「祖國認同」的中國勢力，並在兩方之間尋求依違不定或者乾脆另闢蹊徑。《林茂生・陳炘和他們的時代》一書的作者感慨地寫道：

> 異族統治者的日本，非他們心中的鍾愛，卻反而成就了他們做為社會菁英的角色；同文同種的中國，是他們期許迎接的祖國，卻反而奪走了他們的生命。或許，他們所不喜愛的，正是他們所熟悉的；而他們所期待與寄望的，卻是他們所陌生的。[186]

處在如此矛盾的「兩團火」之間，如何在這中間闖出安身之地，乃是戰爭結束時所有臺灣人一同面臨的棘手問題。雖然這時候日本統治當局還沒消失，中國官員也陸續來臺，然而在戰後到正式「光復」的這段期間，完全沒有政權實質掌握臺灣，正是這段不受「他人」干涉的「延緩時期」（moratorium period），臺灣的歸屬不被任何國家或政府決定。

「八・一五獨立事件」也許正是上述臺灣人企圖另闢蹊徑的實踐。沒有在「日本戰敗」與「歸還中國」之間劃上等號的部分臺灣人士並不認為臺灣土地應延燒「中國之火」，反而試圖借助「日本之火」以謀求臺灣人獨自安身之所在。十分諷刺的是，這個行動卻遭遇「日本之火」的拒絕，甚至在日後更遭受「中國之火」的懲罰。這樣的結果在歷史進程中，或許被解讀為「臺灣人的悲哀」。但是與其將它視為悲哀命運，默不作聲地任其擺布，不如吸取教訓並以此為借鏡，繼續向前勇敢地邁出步伐，才有可能開闢出嶄新天地。

追溯當時臺灣人如此單純地於觀念上嚮往「祖國」，接受中國的一切，不禁浮現歷史重現的原則。雖然今日資訊科技發達，臺灣人對中國已不再陌生，經濟市場與人民的往來接觸都十分密切，但是臺灣與中國的隔離狀態已經超過七十年之久，甚至比臺灣被日本統治的時間還要久。再者，兩岸政治體制的差別恐怕較當時日本統治下的臺灣與訓政時期的中華民國還要大。自二戰結束後，臺灣與中國的差距究竟是縮短還是擴大？這個問題仍然時時考驗著島上的每一個臺灣人。

對現在的臺灣人而言，中國到底是紓解經濟困境，挽救臺灣國際地位的「解放者」？抑或是應保持平等關係，圖謀互相生存之路的「他者」？曾夾處於日本與中國之間的臺灣，影響綿延至戰後的新時代，甚至到今日，仍然處於「大火之側」。

註

184 矢內原忠雄著、若林正丈編，《矢內原忠雄「帝国主義下の台湾」精読》（東京都：岩波書店，二〇〇一年），頁301。

185 王添灯著，〈省參議會的千萬言〉，《新新》，第六期，一九四六年七月，頁4。

186 李筱峰著，《林茂生・陳炘和他們的時代》，頁318。

參考書目

中文資料

官方檔案、公報

1. 臺灣省警備總司令部接收委員會編，〈臺灣省軍事接收總報告書〉。
2. 臺灣省警備總司令部編，《臺灣省警備總司令部週年工作概況報告書》。
3. 《臺灣省行政長官公署公報》

報刊雜誌

1. 《中央日報》
2. 《民報》
3. 《申報》
4. 《臺灣新生報》
5. 《先鋒》
6. 《政經報》
7. 《新新》
8. 《聯合報》

日記、口述歷史

1. 〈灌園先生日記〉（1946年）
2. 〈吳鴻麒日記〉
3. 〈黃旺成先生日記〉
4. 林獻堂著，許雪姬編註，《灌園先生日記（十七）一九四五年》，臺北：中央研究院臺灣史研究所、中央研究院近代史研究所，2010。

5. 吳新榮著，張良澤主編，《吳新榮日記全集》，臺南：國立臺灣文學館，2008。
6. 阿部賢介訪談、記錄，〈康黃文玲女士口述訪談〉。
7. 陳柏棕、阿部賢介訪談，陳柏棕整理，〈盧金水先生訪問紀錄〉，2009 年 10 月 22 日。
8. 陳柏棕、阿部賢介、廖怡錚訪談，陳柏棕記錄，整理，〈中川義夫（陳臣銅）先生訪談紀錄〉，2009 年 12 月 15 日。

專書

1. Nancy Hsu Fleming 著，蔡丁貴譯，《狗去豬來：二二八前夕美國情報檔案》，臺北：前衛出版社，2009。
2. 王甫昌，《當代台灣社會的族群想像》，臺北：群學出版，2003。
3. 王泰升，《台灣日治時期的法律改革》，臺北：聯經出版，1999。
4. 臺灣省文獻委員會，《臺灣省通志　第十光復志》，臺中：臺灣省文獻委員會，1973。
5. 李筱峰，《島嶼新胎記 —— 從終戰到二二八》，臺北：自立晚報，1993。
6. 李筱峰，《林茂生．陳炘和他們的時代》，臺北：玉山出版，1996。
7. 何義麟，《跨越國境線 —— 近代台灣去殖民化之歷程》，臺北：稻鄉出版，2006。
8. 吳濁流，《台灣連翹》，臺北：草根出版，1995〔1987〕。
9. 周婉窈，《海行兮的年代 —— 日本殖民統治末期臺灣史論集》，臺北：允晨文化，2003。
10. 陳佳宏，《鳳去台空江自流 —— 從殖民到戒嚴的台灣主體性探究》，臺北：柏楊文化，2010。
11. 陳郁秀、孫芝君，《呂泉生的音樂人生》，臺北：遠流出版，2005。
12. 陳國弘編著，《中華民國國歌史》，臺中：編者自刊，1963。
13. 陳逸松口述、吳君瑩紀錄、林忠勝撰述，《陳逸松回憶錄》，臺北：前衛出版社，1994。
14. 陳培豐著，王興安、鳳氣至純平譯，《「同化」的同床異夢：日治時期台灣的語言政策、近代化與認同》，臺北：麥田出版，2006。

15. 陳翠蓮，《派系鬥爭與權謀政治：二二八悲劇的另一面相》，臺北：時報文化，1995。
16. 陳翠蓮，《台灣人的抵抗與認同 一九二〇～一九五〇》，臺北：遠流出版，2008。
17. 許世楷，《日本統治下の台湾：抵抗と弾圧》，東京：東京大學出版會，1971。
18. 許雪姬主編，許伯埏著，《許丙・許伯埏回想錄》，臺北：中央研究院近代史研究所，1996。
19. 許雪姬，《愛、希望與和平——二二八事件在高雄》，高雄：高雄市立歷史博物館，2000。
20. 許雪姬總編輯，《日記與台灣史研究：林獻堂先生逝世 50 週年紀念論文集》，臺北：中央研究院臺灣史研究所，2008。
21. 黃天才、黃肇珩，《勁寒梅香：辜振甫人生紀實》，臺北：聯經出版，2005。
22. 黃天橫口述，陳美蓉、何鳳嬌訪問記錄，《固園黃家：黃天橫先生訪談錄》，臺北：國史館，2008。
23. 黃英哲、許時嘉編譯，《楊基振日記：附書簡、詩文》，臺北：國史館，2007。
24. 黃秀政，《台灣割讓與未抗日運動》，臺北：台灣商務，1992。
25. 黃秀政、張勝彥、吳文星，《台灣史》，臺北：吳南圖書出版，2002。
26. 曾健民，《1945 破曉時刻的台灣》，臺北：聯經出版，2005。
27. 曾健民，《一九四五・光復新聲——台灣光復詩文集》，臺北：INK 印刻出版，2005。
28. 曾健民，《台灣一九四六・動盪的曙光 二二八前的台灣》，臺北：人間出版，2007。
29. 楊基銓，《楊基銓回憶錄》，臺北：前衛出版社，1996。
30. 葉榮鐘著，李南衡編，《台灣人物羣像》，臺北：帕米爾，1985。
31. 潘志奇，《光復初期台灣通貨膨脹的分析》，臺北：聯經出版，1980。
32. 劉鳳翰，《日軍在台灣：一八九五年至一九四五年的軍事措施與主要活動》，臺北：國史館，1997。
33. 諫山春樹著，日本文教基金會編譯，《密話 ・台灣軍與大東亞戰爭》，臺北：文英堂，2002。
34. 薛化元編著，《臺灣開發史》，臺北：三民書局，2006。

35. 薛化元編著，《台灣地位關係文書》，臺北：日創社文化，2007。
36. 戴天昭著，李明峻譯，《台灣國際政治史（完整版）》，臺北：前衛出版社，2002。
37. 鍾逸人，《辛酸六十年（上）——狂風暴雨一小舟》，臺北：前衛出版，2009。
38. 蘇瑤崇主編，《最後的台灣總督府——1944-1946 終戰資料集》，臺中：晨星出版，2004。
39. 蘇瑤崇主編，《台灣終戰事務處理資料集》，臺北：臺灣古籍出版，2007。

學位論文

1. 吳舜鈞，〈徐坤泉研究〉，東海大學歷史學研究所碩士論文，1994。
2. 張翰中，〈戰後初期台灣貨幣改革之研究——從「台灣銀行券」到「台幣」的發行〉，國立成功大學歷史學研究所碩士論文，2008。
3. 許志成，〈失落十年——台灣民營製造業的發展（1946-1955）〉，國立政治大學臺灣史研究所碩士論文，2010。
4. 黃美蓉，〈黃旺成及其政治參與〉，私立東海大學歷史學系碩士論文，2008。

期刊、單篇論文

1. 丘宏達，〈一個中國的原則與臺灣的法律地位〉，《法令月刊》52卷2期，2001年2月。
2. 吳密察，〈1895年「台灣民主國」的成立〉，收編與《台灣史論文精選（下）》，臺北：玉山社出版，1996。
3. 吳榮發，〈黎明前的焦慮：高雄陰謀叛亂事件（1941~1945年）〉，《雄中學報》，第8期，2005年11月，頁243-270。
4. 陳建忠，〈徘徊於「祖國認同」與「台灣認同」之間〉，《島語》，1期，2003年3月，頁22-36。
5. 陳兼善，〈日本統治下之台灣教育〉，《現代週刊》，創刊號，1945年12月10日，頁8-12。
6. 陳翠蓮，〈台灣的國家認同研究近況〉，《國史館館刊》，第33期，2002年12月，頁10-17。

7. 許志成，〈評何義麟《跨越國境線——近代台灣去殖民化之歷程》〉，《台史珠璣》，2 期，2009 年 12 月，頁 183-190。
8. 張茂桂，〈省籍問題與民族主義〉，張茂桂等，《族群關係與國家認同》，臺北：業強，1993。
9. 張茂桂、吳忻怡，〈關於民族與族群論述中的認同與情緒〉，林佳龍、鄭永年編，《民族主義與兩岸關係》，臺北：新自然主義，2001。
10. 許雪姬，〈台灣史上一九四五年八月十五日前後——日記如是說「終戰」〉，《台灣文學學報》13 期，2008 年 12 月，頁 151-178。
11. 黃富三，〈葛超智與台灣主體意識的發展〉，《20 世紀台灣歷史與人物：第六屆中華民國史專題論文集》，臺北：國史館，2002，頁 1107-1135。
12. 費德廉（Douglas L. Fix），〈解讀數據　殖民地台灣的族群性、暴力與戰時動員〉，若林正丈、吳密察主編，《跨界的台灣史研究：東亞歷史的交錯》，臺北：播種者文化，2004，頁 349-386。
13. 鄭梓，〈國民政府對於「收復台灣」之設計——台灣接管計畫之草擬、爭議與定案〉，《東海大學歷史學報》，第 9 期，1988 年 7 月。
14. 賴彥伯，〈失去的樂園〉，收藏於江秀鳳主編，《第一屆綠川個人史文學獎作品集》，臺中：鄭順娘文教公益基金會，2000。
15. 蘇瑤崇，〈《最後的台灣總督府》資料集介紹——兼論 1945-1946 年台灣現代史的幾個重要問題〉，《台灣風物》54 卷 1 期，2004 年 1 月，頁 127-152。
16. 蘇瑤崇，〈「終戰」到「光復」期間臺灣政治與社會變化〉，《國史館學術集刊》，13 期，2007 年 9 月，頁 45-87。

電子資料庫

1. 《日治法院檔案》（http://tccra.lib.ntu.edu.tw/tccra_develop/）。

日文資料

檔案史料

1.《臺灣總督府官報》
2.〈在外部隊現狀調書〉
3.《官報》
4. 史事調查部，《外地各軍殘務整理者合同綴第一號　昭和二十一年六月十八日－六月二十七日》。
5. 外務省編，〈大東亜戦争関係一件／情報蒐集関係〉，外務省外交史料官收藏，參照號碼 B02032457600。
6. 第一復員局編，〈臺灣方面關係部隊關係資料（その2）〉。
7. 第一復員局編，〈〈臺灣方面關係部隊戰史資料第一卷（2分冊の一）〉。
8. 第二復員省在外部隊調查班，《在外部隊情報綴　昭和二十一年一月一日－昭和二十一年九月二十五日》。
9.《齊藤茂文書》

報刊雜誌

1.《臺灣日日新報》
2.《臺灣日報》
3.《臺灣新報》
4.《臺灣新聞》
5.《東臺灣新聞》
6.《高雄新報》
7.《新新》

8.《興南新聞》
9.《讀賣新聞》

日記、口述歷史

1. 杜潘芳格著，下村作次郎編，《フォルモサ少女の日記》，東京：総和社，2000。
2. 池田敏雄，〈敗戰日記　I〉，《台湾近現代史研究》，第4號，1982年10月，頁55-108。
3. 宮崎隆造，《敗戦外史 —— 台湾引揚者の記録一》，東京：原書房，1967。
4. 塩見俊二，《秘録・終戦直後の台湾》，高知：高知新聞，1979。
5. 阿部賢介訪談，記錄，〈T女士訪問記錄〉，2009年8月12日。

專書

1. あの年の夏制作委員会編，《あの年の夏　昭和20年8月》，東京：東洋出版，2000。
2. 一ノ瀬俊也，《宣伝謀略ビラで読む、日中・太平洋戦争：空を舞う紙の爆弾「伝単」図録》，東京：柏書房，2008。
3. 山口県編，《山口県史史料編現代I県民の証言　体験手記編》，山口：山口県，1998。
4. 三日月直之，《台湾拓殖会社とその時代》，福岡：葦書房，1993。
5. 小林英夫堅修，《日本人の海外活動に関する歴史的調査　第九巻　台湾篇4》，東京：ゆまに書房，2001。
6. 三麓会，《台北州立台北第一中学校卒業五十周年記念文集　濃緑匂う常夏の》，不詳：三麓会，不詳。
7. 上砂勝七，《憲兵三十一年》，東京：東京ライフ社，1955。
8. 大野嘉雄，《台湾日記台湾第一二三〇二部隊野戦重砲兵第16連隊・松信隊》，不詳：著者出版，不詳。
9. 日本史用語研究会，《必携日本史用語》，東京：実教出版，2005。

10. 中本昇編，《われら独飛71のあしあと》，愛知：家田西行，1987。
11. 中野校友会編，《陸軍中野学校》，東京：編者，1978。
12. 矢内原忠雄著、若林正丈編，《矢内原忠雄「帝国主義下の台湾」精読》，東京：岩波書店，2001。
13. 台北第一師範孝校編，《同期生たちの8月15日》，不祥：台北第一師範孝校，1997。
14. 台湾所在重砲兵連隊史編纂委員会，《台湾所在重砲兵連隊史》，出版地、出版社不詳，1999。
15. 台湾銀行史編纂室編，《台湾銀行史》，東京：台灣銀行史編纂室，1964。
16. 臺灣總督府編，《臺灣統治概要》，臺北：臺灣總督府，1945。
17. 半藤一利，《日本の一番長い日〈決定版〉》，東京：文藝春秋，1995。
18. 安藤正編，《あゝ台湾軍：その想い出と記録》，東京：台湾会，1983。
19. 伊藤金次郎，《台灣欺かざるの記》，東京：明倫閣，1948。
20. 何義麟，《二・二八事件——「台湾人」形成のエスノポリティクス》，東京：東京大学出版会，2003。
21. 佐藤卓己，《八月十五日の神話——終戦記念日のメディア学》，東京：筑摩書房，2005。
22. 佐藤栄光，《第十方面軍野戦貨物廠花蓮港支廠（台湾一二八〇五部隊）我等補給部隊斯戦へり》，不詳：著者出版，1978。
23. 放送文化研究所，《台湾放送協会》，東京：放送文化研究所，1998。
24. 河原功編，《台湾　引揚・留用　記録　第一巻》，東京：ゆまに書房。1997。
25. 服部卓四郎，《大東亞戰爭全史》，東京：原書房，1965。
26. 秦郁秀，《八月十五日の空》，東京：文藝春秋，1978。
27. 猪瀬直樹監修、福島鑄郎編輯，《目撃者が語る昭和史　第八巻　8・15終戦》，東京：新人物往來社。1989。
28. 隅谷三喜男、劉進慶、涂照彦，《台湾の経済——典型NIESの光と影》，東京：東京大学出版会，

1992。
29. 黃昭堂，《台湾民主国の研究》，東京：東京大學出版會，1975。
30. 富沢繁，《台湾終戦秘史》，東京：いずみ出版，1984。
31. 第九師団戦史編纂委員，《第九師団戦史》，出版地、出版社、出版年不詳。
32. 基隆中学校同窓会編，《私の8月15日》，東京：堵陵会，出版年不詳。
33. 鈴木茂夫，《台湾処分一九四五年》，東京：同時代社，2002。
34. 鄭春河，《戦後の台湾》，出版社不詳，1994。
35. 戴國煇，《台湾という名のヤヌス》，東京：三省堂，1996。

期刊、單篇論文

1. 森田俊介，〈終戦当時の台湾総督府の措置とその後の流れ〉，《台灣協會報》，第285號-第295號，1978年6月-1979年4月。
2. 北岡伸一，〈終戦外交と戦後構想〉，《国際政治》，第109號，1995年5月。
3. 吳濁流，〈無花果〉，氏著《夜明け前の台湾——植民地からの告発》，東京：社会思想社，1972，頁9-225。

英文資料

檔案史料

1. George H, Kerr 至 R. L. Hatt 中 校 之 報 告,"Current public opinion in Formosa", RG331, Officials of Occupied Territories Formosa, Box2058, in The U.S. National Archives and Records Administration, 1945. 11. 29.
2. Headquarters, U.S. Forces, China Theater, "-FORMOSA- LATEST INFORMATION OF PORT FACILITIES, AIRFIELDS, INDUSTRIES, RAILROADS AND HIGWAYS", RG331, Box785-15, in The U.S. National Archives and Records Administration, 1945. 8. 27.
3. OSS Planning Group, "Implementation Study for Strategic Services Activities Based in China as They Pertain to Formosa", (RG226, Recourds of the office of Strategic Services 1941-1945 Washingtong Director's Office Administrate File in The U.S. National Archives and Records Administration, 1944. 9. 25).
4. Strategic Service Unit, "REPORT ON JAPANESE INTELLIGENCE AND RELATED INFORMATION ON THE ISLAND OF FORMOSA (TAIWAN)", RG59, Department of State Decimal File 1945-1949, Box7385, in The U.S. National Archives and Records Administration, 1946. 1. 30.

報刊

1. The Times

專書

1. George H. Kerr, Formosa Betrayed (Boston: Houghton Mifflin, 1965.
2. Shih-jung Tzeng, From Hōnto Jin to Bensheng Ren. (Maryland: University Press of America, 2009.

國家圖書館出版品預行編目（CIP）資料

關鍵七十一天：二戰前後臺灣主體意識的萌芽與論爭／阿部賢介著. -- 初版. -- 臺北市：蔚藍文化出版股份有限公司, 2020.12
面； 公分
ISBN 978-986-5504-19-9（平裝）

1. 第二次世界大戰 2. 臺灣史

733.29 109017449

關鍵七十一天：二戰前後臺灣主體意識的萌芽與論爭

作　　者／阿部賢介

社　　長／林宜澐
總 編 輯／廖志墭
編　　輯／潘翰德　林章聿　王威智
書籍設計／bianco_tsai

出　　版／蔚藍文化出版股份有限公司
地址：10667 臺北市大安區復興南路二段 237 號 13 樓
電話：02-2243-1897
臉書：https://www.facebook.com/AZUREPUBLISH/
讀者服務信箱：azurebks@gmail.com
總 經 銷／大和書報圖書股份有限公司
地址：24890 新北市新莊市五工五路 2 號
電話：02-8990-2588
法律顧問／眾律國際法律事務所　著作權律師／范國華律師
電話：02-2759-5585
網站：www.zoomlaw.net

印　　刷／世和印製企業有限公司
定　　價／臺幣 320 元
初版一刷／2020 年 12 月

ISBN：978-986-5504-19-9（平裝）